史记

卷一

【西汉】司马迁 著
李楠 编译

图书在版编目（CIP）数据

史记/［西汉］司马迁著；李楠编译．— 北京：北京工艺美术出版社，2019.9（2023.8重印）
（品读经典：双色线装）
ISBN 978-7-5140-1580-5

Ⅰ.①史… Ⅱ.①司… ②李… Ⅲ.①中国历史－古代史－纪传体 Ⅳ.①K204.2

中国版本图书馆CIP数据核字（2018）第212456号

出 版 人：陈高潮
责任编辑：赵震环 赵 微
装帧设计：书心瞬意
责任印制：王 卓
法律顾问：北京恒理律师事务所 丁 玲 张馨瑜

史记
SHIJI
［西汉］司马迁 著 李楠 编译

出　版 北京工艺美术出版社
发　行 北京美联京工图书有限公司
地　址 北京市西城区北三环中路6号
京版大厦B座702室
邮　编 100124
电　话 (010) 58572763（总编室）
(010) 58572878（编辑室）
(010) 64280045（发　行）
传　真 (010) 64280045/58572763
网　址 www.gmcbs.cn
经　销 全国新华书店
印　刷 唐山楠萍印务有限公司
开　本 889毫米×1194毫米 1/16
印　张 40
版　次 2019年9月第1版
印　次 2023年8月第2次印刷
印　数 3001～6000
书　号 ISBN 978-7-5140-1580-5
定　价 380.00元（全四卷）

前言

公元前91年，诞生了中国历史上第一部纪传体通史。作者是西汉时期的太史公司马迁。这位著名的历史学家，在这部被梁启超赞为『千古之绝作』、被鲁迅誉为『千古之绝唱，无韵之离骚』的巨著中，记载了中国从上古传说中的黄帝到汉武帝元狩元年（前122年）共三千多年的历史。这部书就是流芳百世的《史记》。

《史记》的诞生，是中国文化史上的一件大事。这部纵横古今数千年的巨著，就后世史学和文学的具体发展而言，贡献巨大。郑樵称：『六经之后，唯有此作』。赵翼说：『自此例一定，历代作史者，遂不能出其范围，信史家之极则也。』

《史记》共分本纪、表、书、世家、列传五大部分，加上最后的『太史公自序』共一百三十篇。其中『本纪』十二篇，说的是天下统治者的事迹，『网罗天下放失旧闻，王迹所兴，原始察终，见盛观衰』；『表』十篇，是以表格的形式排列整理历史事件次序和历史动态的；『书』八篇，内容是历史典章制度；『世家』三十篇，主要描述历史影响深远的家系或贵族事迹；『列传』七十篇，展现的是历史上各类风流人物的历史表现与社会的种种状况。

至于《史记》文章的内容，大致可以分为两大部分：前面的正文是人物的生平描述，这部分皆以代表性事件或逸事衔接交杂而成；正文的后面则是司马迁的史家评论或感想，通常以『太史公曰』起头，内容或是作者的个人经历，或是对人物的评价，或是收集资料过程的介绍，但仍以评论题材人物的性格与行事为主，这也呼应了司马迁『究天人之际，通古今之变，成一家之言』的写作目标。

本书是编者以商务印书馆影印百衲本为底本，并参考中华书局校勘本，整理编辑而成。全书精选精注，白话今译，方便广大读者研习参考。本书为节选本，为便于读者把握全书脉络，因此把原书的最后一篇『太史公自序』提到首篇，特此说明。

目录

列传　三八〇

卷四

太史公自序

【原文】

昔在颛顼，命南正①重以司天，北正②黎以司地。唐虞③之际，绍重黎之后，使复典之，至于夏商，故重黎氏世序天地。其在周，程伯休甫④其后也。当周宣王时，失其守而为司马氏。司马氏世典周史⑤。惠襄之间，司马氏去周适晋。晋中军随会⑥奔秦，而司马氏入少梁⑦。

【注释】

①南正：传说中的官名。掌管天事。②北正：一作『火正』，传说中的官名。《国语》有『黎为火正』之说。掌管民事。③唐：即陶唐氏，传说中远古部落之名，居于平阳（今山西临汾西南），其首领是尧。虞，即有虞氏，传说中远古部落之名。居于蒲坂（今山西永济西蒲州镇），其首领是舜。④程：国名。伯：爵名。休甫：人名，传说是黎的后裔，封为程伯。⑤司马氏世典周史：此说不可信。司马氏祖先当是掌军事，而不可能典史职。这是司马谈迁父子为太史令后，美化祖先的说法。⑥中军：春秋时大国军队分为上、中、下三军，其中以中军的地位较高。随会：人名。也称士会。他由晋奔秦。⑦少梁：古邑名。故地在今陕西韩城南。本西周梁国，春秋时为秦所灭，称少梁邑。后属晋，继又属魏，后入于秦。秦惠文王十一年（公元前327年）改名夏阳。

【译文】

往昔颛顼帝命南正重掌管天事，北正黎掌管民事。唐虞时代，重黎的后嗣仍然担任这种职务，直到夏商二代，所以重黎氏世代主管天地。在周代，程伯休甫是重黎氏的后裔。当周宣王时，重黎的后裔失去主管天地的职守，而为司马氏。司马氏世代职掌周史。周惠王、襄王的时候，司马氏离开周朝到了晋国。晋中军隋会逃奔秦国，而司马氏转入少梁。

【原文】

自司马氏去周适晋，分散，或在卫，或在赵，或在秦。其在卫者，相中山①。在赵者，以传剑论显，蒯聩其后也。在秦者名错，与张仪争论，于是惠王使错将伐蜀②，遂拔，因而守③之。错孙靳，事武安君白起。而少梁更名曰夏阳。靳与武安君坑赵长平军④，还而与之俱赐死杜邮⑤，葬于华池⑥。靳孙昌，昌为秦主铁官⑦。当始皇之时。蒯聩玄孙卬为武信君将而徇朝歌⑧。诸侯之相王⑨，王卬于殷⑩。汉之伐楚，卬归汉⑪，以其地为河内郡⑫。昌生无泽⑬，无泽为汉市长⑭。无泽生喜，喜为五大夫⑮，卒，皆葬高门⑯。喜生谈，谈为太史公⑰。

【注释】

①中山：古国名，春秋末年鲜虞人所建，都于顾（今河北定县）。公元前296年为赵所灭。②蜀：古国名。建都于成都（今四川成都）。公元前316年被秦将司马错所灭。③守：郡守。④坑赵长平军：公元前262年，秦军包围韩的上党，上党郡守冯亭以地献于赵，引起秦赵在长平（今山西高平西北）大战。公元前260年赵王以不晓军事的赵括代老将廉颇为将，赵括盲目出击。秦将白起在正面诈败后退，另设两支奇兵袭击赵军后方。结果赵军被围困四十六日，内无粮草，外无救兵，赵括被射死，赵军四十万人被俘坑死。⑤杜邮：古地名，故地在今陕西咸阳市东。⑥华池：故地在今陕西韩城西南。⑦铁官：官名。秦代始置，汉代沿置。掌铸造和买卖铁器。⑧蒯聩玄孙卬：据《索隐》引《司马氏系本》云：『蒯聩生昭豫，昭豫生宪，宪生卬。』。武信君：指武臣，秦末起义军首领之一。自号

武信君，称王于赵，都邯郸，后被叛将李良所杀。朝歌：古卫国都城，汉置县。故地在今河南淇县。⑨诸侯之相王：指项羽分封诸侯。⑩王卬于殷：公元前206年项羽分封诸侯，因司马卬定河内有功，封其为殷王，王河内，都于朝歌。⑪卬归汉：本书《高祖本纪》记载，汉二年（公元前205年）三月汉军攻下河内，『虏殷王』，与此所谓『卬归汉』者略异。⑫河内郡：治所在怀县（今河南武陟西南）。⑬无泽：《汉书·司马迁传》作『毋怿』。⑭市长：官名。汉代长安四市有四长，左冯翊的属官。⑮五大夫：秦汉爵名。为二十爵中的第九爵。⑯高门：高门原。故地在今陕西韩城西南。⑰太史公：汉有太史令，秩六百石，太常的属官。汉称太史令其人为太史公。

【译文】

自从司马氏一族离开周朝到了晋国，就分散了，有的在卫国，有的在赵国，有的在秦国。在卫国的一支，做过中山国的相。在赵国的一支，因传剑术理论而显名，蒯聩是这支的后嗣。在秦国的司马错，同张仪争论，于是秦惠王命他为将伐蜀，攻下之后，就做了蜀郡守。司马错的孙子司马靳，随事武安君白起。少梁这时已改名为夏阳。司马靳和武安君坑杀赵国在长平的士兵，回国后和武安君都被赐死在杜邮，葬在华池。司马靳的孙子叫昌，做过秦的铁官。正当秦始皇的时候，蒯聩的玄孙司马卬，做过武信君的部将而巡察朝歌。诸侯分封为王的时候，司马卬被封为殷王。汉伐楚的时候，司马卬归顺于汉，将他的封地改置为河内郡。司马昌生无泽，无泽为汉长安市长官。无泽生喜，喜为五大夫，死后都葬在高门。喜生谈，谈为太史公。

【原文】

太史公学天官①于唐都，受《易》于杨何②，习道论于黄子③。太史公仕于建元元封④之间，愍⑤学者之不达其意而师悖，乃论六家[6]之要指曰：

【注释】

①天官：古时天文学。唐都：人名。汉代天文学家，曾参加制订《太初历》。②杨何：人名。字叔元，汉菑川（故城在今山东寿光市）人。武帝时以《易》被征，官至中大夫。③道论：道家学说。黄子：汉人。亦称黄生，史失其名。曾与辕固生辩论汤武受命问题。事见本书《儒林列传》。④建元、元封：皆是汉武帝年号。建元共六年（公元前140~公元前135年），元封亦六年（公元前110~公元前105年）。⑤愍：忧虑。师悖：谓以悖为师。固执谬论之意。⑥六家：指阴阳、儒、墨、名、法、道等六家。

【译文】

太史公从唐都学天文学，从杨何受《易》学，从黄子研究道家学说。太史公在建元至元封年间做官，担心学者不了解学术宗旨而固执谬论，于是论六家的要旨说：

【原文】

《易·大传》[1]：『天下一致而百虑，同归而殊涂。』夫阴阳、儒、墨、名、法、道德，此务为治者也，直所从言之异路，有省不省[2]耳。尝窃观阴阳之术，大祥[3]而众忌讳，使人拘而多所畏；然其序四时之大顺，不可失也。儒者博而寡要，劳而少功，是以其事难尽从；然其序君臣父子之礼，列夫妇长幼之别，不可易也。墨者俭而难遵，是以其事不可遍循；然其彊本节用，不可废也。法家严而少恩；然其正君臣上下之分，不可改矣。名家使人俭[4]而善失真；然其正名实，不可不察也。道家使人精神专一，动合无形[5]，赡足万物。其为术也，因阴阳之大顺，采儒墨之善，撮名法之要，与时迁移，应物变化，立俗施事，无所不宜，指约而易操，事少而功多。儒者则不然。以为人主天下之仪表也，主倡而臣和，主先而臣随。如此则主劳而臣逸。至于大道之要，去健羡⑥，绌聪明⑦，释此而任术。夫神大用则竭，形大劳则敝。形神骚动，欲与天地长久，非所闻也。

【注释】

①《易·大传》：即《易·系辞》。②省：明白。③大祥：夸大灾祥。④俭：当作「检」，拘束。⑤无形：指道，客观规律。⑥去健羡：意谓去掉刚强与贪欲，而以柔弱与知足自守。⑦绌聪明：意谓不耍花招、不滑头滑脑。

【译文】

《易·系辞》：『天下一致而百虑，同归而殊涂。』阴阳、儒、墨、名、法、道德等六家，都是为了治世，只不过各家说法不同，有明白和不明白的地方罢了。我曾观察阴阳家的方术，夸大灾祥而忌讳众多，使人拘束而多畏惧；但他们论述四时变化的大顺，是不可差错的。儒家的学说广博而缺纲要，烦劳而少功效，因此他们说的难以全部信从；但他们制定君臣父子关系的礼节，明确夫妇长幼之间的等差，是不可改的。墨家俭啬而难遵循，因此他们所说的不能完全照办；但他们务实节用的办法，是不可废弃的。法家严酷而少恩情，但他们确定的君臣上下的秩序，是不可改变的。名家使人拘束而丧失真实；但他们确定名实关系，是不可不考查的。道家使人精神专一，行动符合客观规律，使万事万物得到满足。他们的学术，本着阴阳家的大顺，采集儒家、墨家的长处，摄取名家、法家的要点，随着时代转移，顺应事物变化，处世办事，无所不宜，宗旨简要而容易把握，事情虽少而功效甚多。儒家就不同，他们以为君主是天下的表率，君主倡导而臣下附和，君主在先而臣下随后。这样就君主劳苦而臣下安逸。再说大道的要点是，去掉刚强和贪欲，不耍花招和滑头，舍弃这些而任用道术。过于劳神就会疲倦，过于劳力就会病倒。身心过于劳累，却要想和天地共存，这是不可能的。

【原文】

夫阴阳四时、八位、十二度、二十四节各有教令[1]，顺之者昌，逆之者不死则亡。未必然也，故曰『使人拘而多畏。』夫春生夏长，秋收冬藏，此天道之大经[2]也，弗顺则无以为天下纲纪，故曰『四时之大顺，不可失也』。

【注释】

①四时：春、夏、秋、冬。八位：八卦位，即八方。十二度：星宿所居的十二躔次（即日月星辰运行的轨迹）。教令：指带有迷信色彩的条规禁忌。②大经：重要法则。

【译文】

阴阳家以为四时、八位、十二度、二十四节各有条规禁忌，顺着它就吉利，违反它不死就亡。其实未必是这样，所以说『使人拘束而多畏惧』。可是阴阳家论述的春天萌生、夏天成长、秋天收获、冬天储藏，这是自然界的重要法则，不遵循就没有什么做天下的纲纪，所以说『四时变化的大顺，是不可差错的』。

【原文】

夫儒者以《六艺》[1]为法。《六艺》经传以千万数，累世不能通其学，当年[2]不能究其礼，故曰『博而寡要，劳而少功』。若夫列君臣父子之礼，序夫妇长幼之别，虽百家弗能易也。

【注释】

①《六艺》：指《诗》《书》《易》《礼》《乐》《春秋》等六种儒家典籍。②当年：犹言毕生。或谓壮年。

【译文】

儒家以《六艺》为准则。《六艺》的经传以千万计，学者世世代代不能通晓其学术，毕生精力不能究明其礼制，所以说『广博而缺纲要，烦劳而少功效』。可是明确君臣父子关系的礼节，制定夫妇长幼之间的等差，哪一家都不能更改。

【原文】

墨者亦尚尧舜道，言其德行曰：『堂高三尺，土阶三等，茅茨①不剪，采椽不刮。食土簋②，啜③土刑，粝粱④之食，藜藿⑤之羹。夏日葛衣，冬日鹿裘⑥。』其送死，桐棺三寸，举音不尽其哀。教丧礼，必以此为万民之率。使天下法若此，则尊卑无别也。夫世异时移，事业不必同，故曰『俭而难遵』。要曰彊本节用，则人给家足之道也。此墨子之所长，虽百家弗能废也。

【注释】

①茨：用茅草苫屋。②土簋：古时盛食物的圆口陶器。③啜：喝。土刑：古时盛羹的陶器。④粝粱：当作『粝粢』，粗劣的食物；粗米。粱，细粮，故粝、粱二字不当连用。⑤藜藿：泛指野菜。藜，一年生草本植物，俗称灰菜，嫩叶可食。藿，豆叶。⑥以上引自《韩非子·五蠹篇》。

【译文】

墨家也崇尚尧舜之道，说尧舜的德行是：『堂只高三尺，土阶只有三级，用茅草苫屋而不修剪，采树木做椽而不刮削。用土簋盛饭吃，用陶器盛汤喝，吃粗粮，喝野菜汤。夏天穿葛衣，冬天穿鹿裘。』他们送葬死者，桐木棺材只厚三寸，哭丧不过于哀恸。丧礼的要求，必定是这样为众人的表率，使天下的人都这么办，就尊卑没有差别了。时代转变了，事业自然不会一样，所以说『俭啬而难遵循』。总的说来，务实节用，确是人给家足的办法。这是墨家的长处，哪一家都不能废弃。

【原文】

法家不别亲疏，不殊贵贱，一断于法，则亲亲尊尊之恩绝矣。可以行一时之计，而不可长用也，故曰『严而少恩』。若尊主卑臣，明分职不得相逾越，虽百家弗能改也。

名家苛察缴绕①，使人不得反其意，专决于名而失人情，故曰『使人俭而善失真』。若夫控名责实②，参伍③不失，此不可不察也。

【注释】

①苛察：苛细考察。缴绕：纠缠，烦琐。谓不识大体。②控名责实：由名以求实，使名与实相符。③参伍：谓错综比较，以为验证。参：三。伍：五。

【译文】

法家不分亲疏，不别贵贱，一概取决于法令，这就将亲爱亲属、尊敬长上的伦理道德断送了。只可以临时应付一下，而不可永远施行，所以说『严酷而少恩情』。像尊崇君长，鄙薄臣下，分清职责而不得相互超越，哪一家都不能更改。

名家苛细考察，不识大体，使人不得反省真实内容，一切取决于名而违背人情，所以说『使人拘束而丧失真实』。至于由名以求实，错综比较，以验证结论，这是不可不考查的。

【原文】

道家无为①，又曰无不为②，其实易行，其辞难知。其术以虚无为本，以因循③为用。无成埶④，无常形⑤，故能究万物之情。不为物先，不为物后，故能为万物主。有法无法，因时为业；有度无度，因物与合。故曰『圣人不朽⑥，时变⑦是守。虚者道之常也，因者君之纲』也⑧。群臣并至，使各自明也。其实中其声者谓之端⑨，实不中其声者谓之窾⑩。窾言不听，奸乃不生，贤不肖自分，白黑乃形。在所欲用耳，何事不成。乃合大道，混混冥冥⑪。光耀天下，复反无名。凡人所生者神也，所托者形也。神大用则竭，形大劳则敝，形神离则死。死者不可复生，离者不可复反，故圣人重之。由是观之，神者生之本也，形者生之具⑫也。不先定其神，而曰『我有以治天下』，何由哉？

【注释】

①无为：道家言不先物为。②无不为：道家言因物之所为，旨在顺应自然。③因循：顺应自然。④成埶：一成不变之势。埶，通『势』。⑤常形：固定不变之形。⑥不朽：《汉书》为『不巧』，谓无机巧之心。⑦时变：顺时变化。⑧《索隐》言『圣人不朽』等四句，出于《鬼谷子》，今本无此文。⑨声：名声，名。端：正。⑩窾：空。⑪混混冥冥：混沌状态。⑫具：物质。

【译文】

道家主张无为，又说无不为，做起来容易实行，说的话难以明白。他们的道术以虚无为根本，以因循为手段，没有一成不变之势，没有固定不变之形，所以能探究万物之情。不抢在事物之先，也不落在事物之后，所以能成为万物的主宰。用法不用法，随时而定；限度不限度，随物而合。所以说『圣人无机巧之心，牢牢守着顺时变化的原则。

虚无是道的伦常，因循是君的总纲』。群臣就位，各尽其才，实和名相符叫作端，实和名不相称叫作窾。空话不听，奸邪就不发生，贤和不肖自然区分，白和黑就会露形。全在于应用了，什么事都可办成。这就符合大道，混混沌沌，光耀天下，而又无名。人的生存是精神，精神寄托于形体。精神过度使用就会竭尽，身体过于劳累就会病倒，形体和精神脱离必然死亡。人死不能复生，离去了不能再来，所以圣人对此非常重视。由此看来，精神是生命的根本，形体是生命的物质。如果不先安定精神，而说『我有办法治理天下』，怎能办到呢？

【原文】

太史公既掌天官，不治民。有子曰迁。

迁生龙门①，耕牧河山之阳②。年十岁则诵古文③。二十而南游江、淮，上会稽④，探禹穴⑤，窥九疑⑥，浮于沅、湘⑦；北涉汶、泗⑧，讲业齐、鲁之都⑨，观孔子之遗风，乡射邹峄⑩；厄困鄱、薛、彭城⑪，过梁⑫、楚以归。于是迁仕为郎中⑬，奉使西征巴、蜀⑭以南，南略邛、笮、昆明⑮，还报命。

【注释】

①龙门：山名，在今陕西韩城市东北。相传为禹所凿之龙门。②河山之阳：河之北，山之南。③古文：指用先秦篆文传抄的古书，如《尚书》《左传》《国语》等。④会稽：山名。在今浙江省中部绍兴、嵊州、诸暨、东阳间。钱塘江支流浦阳江与曹娥江的分水岭。相传夏禹至此大会诸侯，计功封爵，始命会稽。⑤禹穴：相传会稽山上有孔，名曰禹穴。⑥九疑：山名。在今湖南宁远县南。相传虞舜葬于此。⑦沅、湘：二水名。都在今湖南省境内，流入洞庭湖。⑧汶、泗：二水名。古汶水在今山东省境内，流入济水。⑨齐、鲁之都：齐都临淄，故地在今山东临淄北。鲁都曲阜，

故地在今山东曲阜。⑩乡射：古代的射礼。乡射有两种：一指州长于春、秋两季会集士大夫，习射于州序（州的学校）；一指乡老和乡大夫贡士之后举行的乡射之礼。邹：汉县名，治所在今山东邹县东南。峄：峄山，在今山东邹县东南。⑪鄱：同『蕃』，汉县名，治所在今山东藤县。薛：汉县名，治所在今山东藤县南。彭城：西汉楚王国的都城，故地在今江苏徐州市。⑫梁：汉诸侯王国之一。都于睢阳（在今河南省商丘南）。楚：汉诸侯王国之一。都于彭城（在今江苏徐州市）。⑬郎中：皇帝的侍从官，隶属于郎中令（光禄勋）。⑭巴：汉郡名。治所在江州（在今重庆市北）。蜀：汉郡名。治所在成都（今属四川）。⑮邛：邛都，汉越嶲郡治所在地，在今四川西昌东。笮：笮都，汉沈黎郡治所在地，在今四川汉源东北。昆明：古地区名。故地在今云南。

【译文】

太史公掌管天官的职务，不理民政。有个儿子名迁。

迁生在龙门，在河的北面、山的南面一个耕牧之家生活，十岁就诵读古籍。二十岁往南方游历长江、淮河一带，上会稽山，寻访禹穴，视察九疑山，渡过沅水、湘水；再往北方渡过汶水、泗水，在齐国、鲁国的都城讲学，参观孔子的故迹，在邹县峄山参加乡射；在鄱县、薛县、彭城遇到困难，经过梁国、楚国返回。返回后，迁做了郎中，奉汉朝使命往西征讨巴、蜀以南地区，向南经略邛、笮、昆明等地，才回京汇报。

【原文】

是岁天子始建汉家之封①，而太史公留滞周南②，不得与从事，故发愤且卒。而子迁适使反，见父于河洛③之间。

太史公执迁手而泣曰：『余先周室之太史也。自上世尝显功名于虞夏，典天官事。后世中衰，绝于予乎？汝复为太史④，则续吾祖矣。今天子接千岁之统⑤，封泰山，而余不得从行，是命也夫，命也夫！余死，汝必为太史；为太史，无忘吾所欲论著矣。且夫孝始于事亲，中于事君，终于立身。扬名于后世，以显父母，此孝之大者。夫天下称颂周公，言其能论歌文武之德，宣周邵之风，达太王王季之思虑，爰及公刘，以尊后稷也。幽厉之后，王道缺，礼乐衰，孔子脩旧起废，论《诗》《书》，作《春秋》，则学者至今则之。自获麟以来四百有余岁⑥，而诸侯相兼，史记⑦放绝。今汉兴，海内一统，明主贤君忠臣死义之士，余为太史而弗论载，废天下之史文，余甚惧焉，汝其念哉！』迁俯首流涕曰：『小子不敏，请悉论先人所次旧闻⑧，弗敢阙。』

【注释】

①是岁：指元封元年（公元前110年）。封：封禅。帝王祭天地的典礼。在泰山上祭天称封；在泰山下梁父山上祭地称禅。②周南：指今洛阳一带。③河、洛：二水名。河，河水，今黄河；洛，洛水。④太史：太史令。⑤接千岁之统：指汉武帝继周成王绪业而封禅。⑥获麟：指鲁哀公十四年（公元前481年）西狩获麟。四百有余岁：自获麟至元封元年（公元前110年），凡三百七十二年，言『四百有余岁』，计算有误。⑦史记：泛指历史记载。⑧论：引述和编撰之意。次：顺序记事之意。旧闻：指历史材料。

【译文】

这一年皇帝开始整理汉朝的封禅大典，而太史公停留在洛阳，不能参加这件事，所以发愤将死。他的儿子迁恰好完成使命返回，在河、洛地区拜见了父亲。太史公握着迁手低声哭道：『我们的祖先是周朝的太史。追溯远古在虞夏之世曾功名显赫，掌管天官的事。后世中途衰微，完结在我身上吗？你如果能做太史，就可以继承祖业了。现在皇帝承千年以来的大统，到泰山封禅，而我不能随行，是命运吧，命中注定吧！我死了，你必定做太史；做了太史，不要忘记我所打算的著作啊。况且所谓孝道，从侍奉双亲开始，其次是臣事君主，最终是树立声名。扬名于后世，使父母分享光荣，这是孝道中最重要的方面。天下人都颂扬周公，说他能发扬文王、武王的道德，宣扬周公、邵公的风教，表现太王、王季的思想，再上承公刘，这样尊崇始祖后稷。幽王、厉王之后，王道丧失了，礼乐衰微了，而孔子修复旧业，整理《诗》《书》，著作《春秋》，使学者到现在还视为榜样。从鲁哀公十四年（公元前481年）获麟以来四百多年，诸侯互相兼并，战事不休，历史记载无人过问。现在汉朝兴起，天下统一，明主贤君忠臣死义之士辈出，我做太史而不予以记载，断绝了天下的历史文献，我很惶恐不安，你多加考虑吧！』迁低头流泪，说：『小儿虽然不才，情愿全力编撰先人所记的历史材料，不敢缺略。』

【原文】

卒三岁①而迁为太史令，绌②史记石室金匮之书。五年而当太初元年③，十一月甲子朔旦冬至，天历始改④，建于明堂⑤，诸神受纪⑥。

【注释】

①卒三岁：指司马谈死了三年。司马谈死于元封元年（公元前110年），『卒三岁』则为元封三年（公元前108年）。②绌：抽引。引申为研究。史记：历史记载，并包括档案文件。石室、金匮：都是国家藏书的地方。③太初元年：公元前104年。④天历始改：谓汉朝不再用《秦历》，而改用《太初历》（即《夏历》），以一月为正月）。⑤明堂：古代帝王宣明政教的地方。⑥诸神：指诸侯。受纪：谓遵照新历法。

【译文】

太史公（谈）去世三年后，司马迁就做了太史令，开始研究国家的藏书和档案。过了五年就是太初元年（公元前104年），十一月初一日冬至，汉朝修改了历法，在明堂宣布，诸侯遵照新的太初历。

【原文】

太史公[1]曰：『先人[2]有言：「自周公卒五百岁而有孔子。孔子卒后至于今五百岁[3]，有能绍明世，正《易传》，继《春秋》，本《诗》《书》《礼》《乐》之际？」意在斯乎！意在斯乎！小子[4]何敢让焉。』

【注释】

①太史公：司马迁自称。下同。②先人：指司马谈。③五百岁：自周公卒至孔子，五百余年；自孔子卒（公元前497年）至太初元年（公元前104年），只有三百七十五年。所言『五百岁』，非确指年数，而是引为祖述之意。

④小子：子弟晚辈对父兄尊长的自称。此是司马迁自称。

【译文】

太史公（迁）说：『先父说过：「从周公去世五百年后而有孔子。孔子去世后到现在又是五百年了，有人能继承往昔盛世的事业，整理《易传》，上接《春秋》，吸取《诗》《书》《礼》《乐》的精华吗？」用意在此吧！用意在此吧！我怎敢推让这个历史重任呢。』

【原文】

上大夫[1]壶遂曰：『昔孔子何为而作《春秋》哉？』太史公曰：『余闻董生曰[2]：「周道衰废，孔子为鲁司寇，诸侯害之，大夫壅之。孔子知言之不用，道之不行也，是非二百四十二年[3]之中，以为天下仪表，贬天子，退诸侯，讨大夫，以达王事而已矣。」子曰：「我欲载之空言[4]，不如见之于行事[5]之深切著明也。」夫《春秋》，上明三王[6]之道，下辨人事之纪，别嫌疑，明是非，定犹豫，善善恶恶，贤贤贱不肖，存亡国，继绝世，补敝起废，王道之大者也。《易》著天地阴阳四时五行，故长于变；《礼》经纪人伦，故长于行；《书》记先王之事，故长于政；《诗》记山川溪谷禽兽草木牝牡[7]雌雄，故长于风；《乐》乐所以立，故长于和；《春秋》辩是非，故长于治人。是故《礼》以节人，《乐》以发和，《书》以道事，《诗》以达意，《易》以道化[8]，《春秋》以道义。拨乱世反之正，莫近于《春秋》。《春秋》文成数万[9]，其指[10]数千。万物之散聚[11]皆在《春秋》。《春秋》之中，弑君三十六，亡国五十二[12]，诸侯奔走不得保其社稷者不可胜数。察其所以，皆失其本已。故《易》曰「失之毫厘，差以千里」[13]。故曰「臣弑君，子弑父，非一旦一夕之故也，其渐久矣」[14]。故有国者不可以不知《春秋》，前有谗而弗见，后有贼而不知。为人臣者不可以不知《春秋》，守经事[15]而不知其宜，遭变事而不知其权[16]。为人君父而不通于《春秋》之义者，必蒙首恶之名。为人臣子而不通于《春秋》之义者，必陷篡弑之诛，死罪之名。其实皆以为善，为之不知其义，被之空言[17]而不敢辞。夫不通礼义之旨，至于君不君，臣不臣，父不父，子不子。夫君不君则犯[18]，臣不臣则诛，父不父则无道，子不子则不孝。此四行者，天下之大过也。以天下之大过予之，则受而弗敢辞。故《春秋》者，礼义之大宗也。夫礼禁未然之前，法施已然之后；法之所为用者易见，而礼之所为禁者难知。」

【注释】

①上大夫：官名。《索隐》云：『遂为詹事，秩二千石，故为上大夫也。』此言『上大夫』是指官秩。②董生：

指董仲舒。③二百四十二年：指《春秋》。《春秋》记事，上起鲁隐公元年（公元前722年），下迄鲁哀公十四年（公元前481年），共记了二百四十二年的史事。④空言：指只是义理的说教。⑤行事：指已发生的具体史事。⑥三王：指夏禹、商汤、周文王与武王。⑦牝牡：雌雄两性。牝，雌性。⑧道化：阐述客观世界发展变化之理。⑨《春秋》文成数万：谓《春秋》文字之多。流传至今的《春秋》只有一万六千五百余字。⑩指：意旨。⑪万物：宇宙间一切事物。散聚：综合诸事之意。⑫弑君三十六，亡国五十二：此和《春秋繁露·灭国篇》《汉书·楚元王传》所言相同。梁玉绳《史记志疑》云：『通经传而数之，弑君者三十七，亡国止四十一。』⑬失之毫厘，差以千里：今本《易经》无此语；今本《易纬·通卦验》有之。⑭『臣弑君』等四句，引自《易·坤文言》。⑮经事：经常之事。⑯权：随机应变。⑰被之空言：受到舆论谴责。⑱犯：谓为臣下所干犯。

【译文】

上大夫壶遂问：『以前孔子为什么作《春秋》的呀？』太史公答：『我听董仲舒先生说过：「周朝统治衰落以后，孔子做鲁国的司寇，被诸侯所忌恨，被大夫所排挤。孔子知道自己的言论不被采用，道术无法实行，就在《春秋》中评论历史是非，为天下定出标准，批评帝王，指斥诸侯，诛讨大夫，目的在达成王道而已。」孔子说：「我如果只是作义理的说教，还不如通过讲述历史事实更能深刻地表达观点。」《春秋》一书，从思想高度来说，表明了三王之道，就一般内容而言，分辨了人事的纪纲，分别嫌疑，明确是非，排除犹豫，奖善惩恶，尊贤退不才，保存已经灭亡的国家，继续已经绝世的后嗣，补救偏弊，振作废业，这些都是王道最重要的内容。《易》著天地阴阳四时五行，所以长于变化的道理；《礼》整顿人伦，所以长于行为的规范；《书》记载先王事实，所以长于政治的宣传；《诗》记述山川溪谷禽兽草木雌雄，所以长于讽喻的内容；《乐》在于自立其乐，所以长于和乐的主题；《春秋》明辨是非，所以长于处理人事的原则。因此可以说，《礼》用来节制人的行为，《乐》用来启发人的和乐，《书》用来记述政事，《诗》用来表达情意，《易》用来阐明变化，《春秋》用来发挥道义。拨乱世归于大治，只有依赖《春秋》最合适。《春秋》文字只几万，要旨有几千。一切事物都综合于《春秋》。《春秋》之中，被弑的君主有三十六人，被灭亡的国家有五十二个，诸侯流亡不能保有其国家的很多很多。分析他们成败的原因，都在于抛弃了根本。所以《易》说「有一点过失，就会产生巨大的差错」。所以说「臣弑君，子弑父，不是一朝一夕的事，是长久地酝酿发展起来的」。所以国家的君主不可以不知《春秋》，如果不知，站在前面的谗邪小人就不能看清，跟在后面的乱臣贼子就不能察觉。做臣下的不可以不知《春秋》，如果不知，就会遇到常事不能适当处理，遇到事变不能随机应变。做君主的做父亲的如果不通晓《春秋》大义，一定蒙受罪魁的恶名。做臣下的做儿子的如果不通晓大义，一定落入篡弑的法网，蒙受死罪的声名。实际上都以为做得很对，做了又不知是不是符合大义，受到舆论谴责便咎无可辞。不通晓礼义的要旨，就会产生君不像君、臣不像臣、父不像父、子不像子的情况。君不像君就会有人犯上，臣不像臣就会身遭诛杀，父不像父就没有恩情，子不像子就忤逆不孝。这四种行为，是天下最大的过错。拿天下最大的过错戴在头上，只能承受而没法推辞。所以《春秋》这部经典，确是礼义的大宗。礼可以预先禁止事故发生，法是施行于事情发生之后；以法制裁的事情容易看到，以礼禁止的事故不易察觉。』

【原文】

壶遂曰：『孔子之时，上无明君，下不得任用，故作《春秋》，垂空文以断礼义，当一王之法①。今夫子上遇明天子②，下得守职，万事既具，咸各序其宜，夫子③所论，欲以何明？』

【注释】

①当一王之法：汉代公羊学家以为，孔子有帝王之德而未居其位，虽不在其位，但起着王者的作用，故言《春秋》当一王之法。②明天子：对当代皇帝的敬称，指汉武帝。③夫子：对师长或学者的尊称。

【译文】

壶遂再问：『孔子的时代，在上没有圣明的君主，他自己又不被任用，所以作《春秋》，流传史文以判断礼义，当作王者的法典。现在先生上面有了明君，您自己又在朝廷供职，国家万事俱备，上下各得其所，先生所论述的，打算说明什么？』

【原文】

太史公曰：『唯唯[①]，否否[②]，不然。余闻之先人曰：「伏羲[③]至纯厚，作《易》八卦。尧舜之盛，《尚书》载之，礼乐作焉。汤武之隆，诗人歌之。《春秋》采善贬恶，推三代之德，褒周室，非独刺讥而已也。」汉兴以来，至明天子，获符瑞，封禅，改正朔，易服色，受命于穆清[④]，泽流罔极[⑤]，海外殊俗，重译款塞[⑥]，请来献见者，不可胜道。臣下百官力诵圣德，犹不能宣尽其意。且士贤能而不用，有国者之耻；主上明圣而德不布闻，有司[⑦]之过也。且余尝掌其官，废明圣盛德不载，灭功臣世家贤大夫之业不述，堕先人所言，罪莫大焉。余所谓述故事，整齐其世传，非所谓作也，而君比之于《春秋》，谬矣。』

【注释】

①唯唯：应答辞，顺应而不表示可否。②否否：不，不然。③伏羲：神话传说中人类的始祖。相传他教民结网，

从事渔猎畜牧。又传说他制作八卦。④穆清：指天。⑤罔极：无边无际。⑥重译：经过几重翻译。款塞：在边塞上叩关而来朝贡。款，叩。⑦有司：官吏。古代设官分职，各有专司，因称官吏为有司。

【译文】

太史公回答：『很对，但我也有自己的想法。我听先人说过：「伏羲最纯正厚重，作《易》八卦。尧舜的盛德，《尚书》予以记载，后世制礼作乐予以表扬。汤王、武王的丰功，诗人予以歌颂。《春秋》褒善贬恶，推考三代的美德，赞扬周代，不仅专事讽刺讥弹而已。」汉朝建国以来，到了当今圣明的皇帝，获得祥瑞的征兆，进行封禅大典，修改历法，更换服饰的颜色，承受天命，恩德无边无际，海外不同风俗的国家经过几重翻译叩关前来朝贡的，多得无法说清楚。臣下百官尽力颂扬皇帝的大德，总是不能完全表达出来。况且贤能之士而不被任用，这是掌国家权力者的耻辱；主上英明圣智而大德没有广泛宣传，这是主管官吏的过错。何况我是个太史令，抛开明圣盛德不进行记载，埋没功臣世家贤大夫的功业不进行传述，忘却先人的遗嘱，罪责再大不过了。我只是所谓叙述故事，整理世代的传授，并不是所谓创作，而您拿来比作《春秋》，这就错了。』

【原文】

于是论次其文。七年而太史公遭李陵之祸[1]，幽于缧绁[2]。乃喟然而叹曰：『是余之罪也夫！是余之罪也夫！身毁不用矣。』退而深惟曰：『夫《诗》《书》隐约[3]者，欲遂其志之思也。昔西伯拘羑里[4]，演《周易》；孔子厄陈蔡，作《春秋》；屈原放逐，著《离骚》；左丘失明，厥有《国语》；孙子[5]膑脚，而论兵法[6]；不韦迁蜀，世传《吕览》；韩非囚秦，《说难》[7]《孤愤》；《诗》三百篇，大抵贤圣发愤之所为作也。此人皆意有所郁结，不得通其道也，故述往事，思来者。』于是卒述陶唐[8]以来，至于麟止[9]，自黄帝始。

【注释】

①七年：指自太初元年（公元前104年）写史起的第七年，即天汉三年（公元前98年）。遭李陵之祸：天汉二年（公元前99年）李陵征匈奴兵败投降，司马迁为李陵辩说，因触怒武帝，而受宫刑。事见《汉书·司马迁传》。②缧绁：拘禁犯人的绳索，引申为牢狱。③隐约：义深言简。④西伯：指周文王。羑里：古地名，故址在今河南汤阴北。⑤孙子：指孙膑。⑥兵法：指《孙膑兵法》。今山东临沂银雀山汉墓出土《孙膑兵法》残简。⑦《说难》《孤愤》：两篇名，韩非作。载于《韩非子》。⑧陶唐：指尧。⑨麟止：众说不一。张晏以为，汉武帝元狩元年获麟，司马迁以为述事之端，上记黄帝，下至麟止，犹《春秋》止于获麟。（见《集解》）服虔以为，汉武帝太始二年获白麟，铸金作麟足形，司马迁作《史记》止于此。（见《索隐》）王先谦以为：『《史记》之作，不为感麟。迁仰希圣经，取义绝笔。』意谓『麟止』取义于孔子绝笔。（见《汉书补注》）王说较为可取。

【译文】

于是开始撰写史文。过了七年，太史公遭到李陵之祸，被关进了监牢。叹息着说：『是我的罪孽啊！是我的罪孽啊！身体毁坏而不可用了。』又冷静地深思，说：『《诗》《书》言简义深，是想表达它们一定的思想。从前西伯被囚在羑里，推衍《周易》；孔子厄困于陈蔡，作了《春秋》；屈原被放逐于外，著了《离骚》；左丘眼睛失明，编了《国语》；孙子受了膑刑，写了兵书；吕不韦流放蜀地，传下了《吕氏春秋》；韩非囚禁于秦国，写有《说难》《孤愤》；《诗》三百篇，大抵是先圣先贤发愤创作的结晶。这些人都是内心积愤无处发泄，所以才叙述往事，启示未来的人。』

于是就叙述唐尧以来，直到麟止；实际上从黄帝写起。

【原文】

维[①]昔黄帝，法天则地，四圣[②]遵序，各成法度；唐尧逊位，虞舜不台[③]；厥美帝功，万世载之。作《五帝本纪》第一。

【注释】

①维：通“惟”，思念。②四圣：指颛顼、帝喾、尧、舜。③台：通“怡”，悦。

【译文】

缅怀往昔黄帝，取法天地以为纲纪，颛顼、帝喾、尧、舜四位圣人遵守统序，各自立了法度；唐尧让位，虞舜也不自居；赞美帝功，流传于万世。为此作《五帝本纪》第一。

【原文】

维禹之功，九州[①]攸同，光唐虞际，德流苗裔；夏桀淫骄，乃放鸣条[②]。作《夏本纪》第二。

【注释】

①九州：传说中的我国中原上古行政区划。西汉以前，都认为禹治水以后，划分九州。九州之名，众说不一。《尚书·禹贡》作冀、兖、青、徐、扬、荆、豫、梁、雍等九州。②鸣条：古地名。商汤打败夏桀之地。具体地点难以确指。

【译文】

禹的大功，使九州安宁，光宠于唐虞之世，德流布到后世子孙；夏桀荒淫骄横，被放逐于鸣条。作《夏本纪》第二。

【原文】

维契作商，爰及成汤；太甲居桐，德盛阿衡①；武丁得说，乃称高宗；帝辛湛湎②，诸侯不享③。作《殷本纪》第三。

【注释】

①阿衡：指伊尹。名伊，尹是官名。商初大臣。相传伊尹曾为阿衡之官。②湛湎：谓沉溺于酒色。③不享：诸侯不来朝。

【译文】

商始于契，到了成汤立国；太甲曾居于桐，盛德归于伊尹；武丁得到傅说为相，称为高宗；纣王沉溺于酒色，诸侯就不来朝。为此作《殷本纪》第三。

【原文】

维弃作稷，德盛西伯；武王牧野，实抚天下；幽厉昏乱，既丧酆镐；陵迟①至赧，洛邑不祀。作《周本纪》第四。

【注释】

①陵迟：衰落。

【译文】

弃善于种植粮谷，德业最盛是西伯；武王在牧野一战，就安抚天下；幽王、厉王昏乱，丧失了酆镐；日益衰微到了赧王，宗祀断绝。为此作《周本纪》第四。

【原文】

维秦之先，伯翳①佐禹；穆公思义，悼豪②之旅；以人为殉，诗歌《黄鸟》；昭襄业帝。作《秦本纪》第五。

【注释】

①伯翳：一作伯益。古代嬴姓各族的祖先。相传他善于畜牧和狩猎，被舜、禹所任用。②豪：借为「崤」，指秦晋崤（在今河南陕县东）之战。

【译文】

秦的先人，伯翳曾辅佐大禹；穆公思义，哀悼崤之役中的牺牲将士；用人殉葬，诗人作《黄鸟》一章表示哀伤；昭襄王奠定了帝业。为此作《秦本纪》第五。

【原文】

始皇既立，并兼六国①，销锋铸鐻②，维偃干革，尊号称帝，矜武任力；二世受运，子婴降虏。作《始皇本纪》第六。

【注释】

①六国：指战国时期齐、楚、燕、赵、韩、魏六国。②鐻：乐器名，形似钟。

【译文】

始皇即位后，并吞了六国，销毁兵器铸成钟鐻，希望停息战争，号称始皇帝，倚仗武力逞强；二世命运不长，子婴成了降虏。作《始皇本纪》第六。

【原文】

秦失其道，豪桀并扰；项梁业之，子羽[1]接之；杀庆[2]救赵，诸侯立之；诛婴[3]背怀，天下非之。作《项羽本纪》第七。

【注释】

①子羽：项羽，名籍，字羽。②庆：指号称庆子冠军的宋义。③婴：秦王子婴。怀：指项梁等人拥立的楚怀王。

【译文】

秦朝无道，豪杰纷纷起义；项梁用兵，项羽继续；杀庆子冠军，援救赵国，得到诸侯拥护；诛杀子婴，背叛怀王，遭到天下人反对。为此作《项羽本纪》第七。

【原文】

子羽暴虐，汉行功德；愤发蜀汉[1]，还定三秦[2]；诛籍业帝，天下惟宁，改制易俗。作《高祖本纪》第八。

【注释】

①蜀、汉：秦汉的蜀郡、汉中郡。蜀郡治成都（在今四川成都）。汉中郡治南郑（在今陕西汉中）。②三秦：秦亡之后，项羽将关中分封给三个秦降将：章邯为雍王，司马欣为塞王，董翳为翟王，合称三秦。

【译文】

项羽暴虐，汉王建功立德，从蜀汉愤发向东，还定三秦；诛灭项籍，奠定帝业，天下安宁，改制易俗。为此作《高祖本纪》第八。

【原文】

惠之早霣①，诸吕不台②；崇彊禄、产，诸侯谋之；杀隐幽③友，大臣洞疑④，遂及宗祸。作《吕太后本纪》第九。

【注释】

①霣：通「殒」，死亡。②台：通「怡」，喜悦。③隐：指赵隐王刘如意。幽：指赵幽王刘友。④洞疑：惶恐。洞：为「恫」的假借字。

【译文】

惠帝早殒，诸吕不得民心；加强吕禄、吕产的权力，使得诸侯谋虑；杀了赵隐王如意、赵幽王友，使得大臣惶恐，终于发生诸吕之祸。为此作《吕太后本纪》第九。

【原文】

汉既初兴，继嗣不明，迎王践祚，天下归心；蠲除①肉刑，开通关梁，广恩博施，厥称太宗。作《孝文本纪》第十。

【注释】

①蠲除：免除。蠲，通「捐」，减免。

【译文】

汉朝开国之初，由谁继位不明，迎代王即帝位，天下心悦诚服；废除肉刑，开通关梁，广施恩德，称为太宗。为此作《孝文本纪》第十。

【原文】

诸侯骄恣，吴①首为乱，京师②行诛，七国③伏辜，天下翕然④，大安殷富。作《孝景本纪》第十一。

【注释】

①吴：吴王国，汉诸侯王国之一。吴楚七国之乱的祸首。②京师：指朝廷。③七国：指汉景帝前三年（公元前154年）参加七国之乱的吴、楚、赵、胶东、胶西、济南、淄川等七个诸侯王国。伏辜：服罪。④翕然：安然。翕，敛息。

【译文】

诸侯骄横，吴王率先作乱，朝廷发兵诛讨，七国服罪，于是天下安定，太平富足。为此作《孝景本纪》第十一。

【原文】

汉兴五世①，隆在建元，外攘夷狄，内修法度，封禅，改正朔，易服色。作《今上本纪》第十二。

【注释】

①五世：指汉高祖、惠帝、文帝、景帝、武帝等五代。

【译文】

汉兴以来第五代，建元年间最为隆盛，对外排斥夷狄，对内修正法度，举行封禅大典，修改历法，更换服色。为此作《今上本纪》第十二。

【原文】

维三代[1]尚矣，年纪[2]不可考，盖取之谱牒旧闻，本于兹，于是略推，作《三代世表》第一。

【注释】

①三代：指夏代、商代、周代。②年纪：年数。

【译文】

三代久远了，年数不可考，只能根据谱牒和古代文献，大略地推算，作《三代世表》第一。

【原文】

幽厉之后，周室衰微，诸侯专政[1]，《春秋》有所不纪；而谱牒经略[2]，五霸更盛衰，欲睹周世相先后之意，作《十二诸侯年表》第二。

【注释】

①专政：擅自为政。②经略：概要。

【译文】

周幽王、厉王以后，周朝衰微，诸侯擅自为政，《春秋》记载不全；而谱牒只是概要，五霸更替盛衰。为了解周代诸侯始末情况，作《十二诸侯年表》第二。

【原文】

春秋之后，陪臣秉政[1]，彊国相王；以至于秦，卒并诸夏[2]，灭封地，擅其号。作《六国年表》第三。

【注释】

①陪臣：诸侯的大夫对天子自称陪臣；也指大夫的家臣。秉政：执掌政权。②诸夏：指周代分封的诸侯国。

【译文】

春秋之后，诸侯国的陪臣执掌政权，强大的诸侯国僭号称王；直到了秦，终于并吞中原的诸侯，收取了六国的封地，自号称帝。为此作《六国年表》第三。

【原文】

秦既暴虐，楚人发难，项氏遂乱，汉乃扶义征伐；八年[①]之间，天下三嬗[②]，事繁变众，故详著《秦楚之际月表》第四。

【注释】

①八年：指秦二世元年至汉高帝五年。②三嬗：三次变更。指由陈王陈涉，而楚霸王项羽，而汉高祖刘邦。嬗，变更。

【译文】

秦朝暴虐，楚人起义，项氏又乱，汉乃仗义征伐；八年之内，号令天下者变更了三次，事情繁乱，变故众多，所以详著《秦楚之际月表》第四。

【原文】

汉兴已来，至于太初百年，诸侯废立分削，谱纪不明，有司靡踵，彊弱之原云[①]以世。作《汉兴已来诸侯年表》第五。

【注释】

①云：作语助，无义。以世：以世相代。

【译文】

自汉朝兴建以来，直到太初一百年间，诸侯的新立、废黜、分封子弟、削减封地，当时的谱纪不大清楚，主管的官吏又没有接续记载，它们世代强弱的原因也许可以窥探。为此作《汉兴以来诸侯年表》第五。

【原文】

维高祖元功，辅臣股肱①，剖符②而爵，泽流苗裔，忘其昭穆③，或杀身陨国。作《高祖功臣侯者年表》第六。

【注释】

①股肱：比喻帝王左右辅佐得力之臣。股，大腿。肱，手臂从肘到腕的部分。②剖符：帝王分封诸侯及功臣，把符剖分为二，双方各执其半，作为信物，叫作剖符。③昭穆：古代一种区分辈分、亲疏的宗法制度。宗庙、祭祀、墓地的排列，都以始祖居中，二、四、六世居左，称昭；三、五、七世居右，称穆。

【译文】

高祖创业时的开国元勋，辅佐得力，剖符分封；子孙世袭，已分不清嫡庶，有的被杀、被废而失爵绝祀。为此作《高祖功臣侯者年表》第六。

【原文】

惠景之间，维申功臣宗属爵邑，作《惠景间侯者年表》第七。

北讨彊胡①，南诛劲越②，征伐夷蛮，武功爰列。作《建元以来侯者年表》第八。

【注释】

①胡：指匈奴。②越：古族名。秦汉以前已广泛分布于长江以南地区，部落众多，故有百越之称。

【译文】

惠帝、景帝期间，对功臣和宗室子弟封赐爵邑，为此作《惠景间侯者年表》第七。

在北方讨击强大的匈奴，在南方征诛劲悍的越人，因为征伐蛮夷，以军功封侯者多了起来。为此作《建元以来侯者年表》第八。

【原文】

诸侯既彊，七国为从，子弟众多，无爵封邑，推恩①行义，其埶销弱，德归京师。作《王子侯者年表》第九。

【注释】

①推恩：汉武帝颁行『推恩令』，使诸侯王可以分封子弟为侯，因此各个王国分为若干小封邑，诸侯势力不断削弱。

【译文】

诸侯强大了，曾发生七国合纵的事。众多的诸侯子弟没有爵位封邑，汉朝就对他们推恩分封，既削弱了诸侯势力，又使恩德归于京师。为此作《王子侯者年表》第九。

【原文】

国有贤相良将，民之师表也。维见汉兴以来将相名臣年表，贤者记其治，不贤者彰其事。作《汉兴以来将相名臣年表》

第十。

维三代之礼，所损益各殊务，然要以近性情，通王道，故礼因人质[1]为之节文，略协古今之变。作《礼书》第一。

【注释】

①人质：人情。节文：节制修饰。

【译文】

国家的贤相良将，是民众的师表。根据汉朝兴建以来的将相名臣年表，对贤者记载他们的政绩，对不贤者列出他们的行事。为此作《汉兴以来将相名臣年表》第十。

推究三代以来的礼制，各代都因情况不同而有所减少和增加，但总的看来是以近人情、通王道为原则，所以礼根据人情加以节制修饰，又和古今世变协调一致。为此作《礼书》第一。

【原文】

乐者，所以移风易俗也。自雅、颂[1]声兴，则已好郑、卫[2]之音，郑、卫之音所从来久矣。人情之所感，远俗则怀[3]。比《乐书》以述来古[4]，作《乐书》第二。

【注释】

①雅、颂：《诗经》内容分类的名称，也是乐曲分类的名称。『雅』指宫廷乐曲，『颂』指宗庙祭祀乐曲。②郑、卫之音：原指春秋战国时郑、卫等国的民间音乐。因它活泼清新，表现力强，与雅乐不同，故受儒家贬斥。③远俗：指远方殊俗之人。怀：怀柔向化。④来古：自古以来。

【译文】

音乐其事，在于移风易俗。自雅、颂之乐兴起之后，人们已喜好郑、卫之音，郑、卫之音已传世很久了。人情受音乐的感染，远方殊俗的人也会怀柔向化。比拟《乐书》历述自古以来音乐的兴衰，作《乐书》第二。

【原文】

非兵不彊，非德不昌，黄帝、汤、武以兴，桀、纣、二世以崩，可不慎欤？《司马法》所从来尚[1]矣，太公、孙、吴、王子[2]能绍而明之，切近世，极人变。作《律书》第三。

【注释】

①《司马法》：古兵书名。一卷。《汉书·艺文志》经之礼类，有《军礼·司马法》百五十五篇。尚：久远。②太公：指吕尚。孙：指孙武。吴：指吴起。王子：《集解》引徐广曰『王子成甫』。

【译文】

不用兵不能强大，不施德不能昌盛，黄帝、汤王、武王因此而兴，桀王、纣王、二世终于灭亡，用兵能不慎重吗？《司马法》传世长久了，太公望、孙武、吴起、王子成甫能继承和发扬，切合近世需要，深明人事变化。为此作《律书》第三。

【原文】

律居阴而治阳，历居阳而治阴，律历更相治，间不容翲忽[1]。五家之文怫异[2]，维太初之元论。作《历书》第四。

【注释】

①间不容翲忽：不容许轻忽之意。翲忽，轻微。②五家：《正义》云：『五家谓黄帝、颛顼、夏、殷、周之历。』

佛异：悖异。佛，通『悖』。违反，悖逆。

【译文】

律处于阴而制约阳，历处于阳而制约阴，律和历紧密联系互相制约，不容许轻忽。黄帝、颛顼、夏、商、周五家的历法各不相同。只有太初颁行的历法较为正确。为此作《历书》第四。

【原文】

星气[①]之书，多杂禨祥[②]，不经；推其文，考其应，不殊。比集论其行事，验于轨度以次[③]，作《天官书》第五。

【注释】

①星气：古代占星望气之术。②禨祥：吉凶、祸福。③轨度：天体运行的轨道和度数。次：论述。

【译文】

占星望气的书，多夹杂吉凶祸福的内容，不是常道；推求它的文字，考究它的应验，没有差异。综合历来的史实，检验天体运行的轨道和度数而加以论述，作《天官书》第五。

【原文】

受命而王，封禅之符罕用，用则万灵罔不禋祀[①]。追本诸神名山大川礼，作《封禅书》第六。

【注释】

①万灵：众神。罔：无；没有。禋祀：泛指祭祀。

【译文】

承受天命而为帝王的，很少讲符应而行封禅；如果封禅，那么群神无不奉祀。探讨对诸神名山大川的祀典，作《封禅书》第六。

【原文】

维禹浚川，九州攸宁；爰及宣防[1]，决渎通沟。作《河渠书》第七。

【注释】

①宣防：即『宣房』，宫名。汉元光中，河决于瓠子。过了二十多年，汉武帝命堵塞决口，筑宫其上，名宣房宫。故址在今河南濮阳县西南。

【译文】

大禹疏通河川，九州都得安宁；到了汉武帝筑宣防宫，开通沟渠。为此作《河渠书》第七。

【原文】

维币[1]之行，以通农商；其极则玩巧[2]，并兼兹殖，争于机利[3]，去本趋末[4]。作《平准书》以观事变，第八。

【注释】

①币：货币。②玩巧：玩弄巧诈。③机利：投机取巧以争利。④本：指务农。末：指商贾。

【译文】

货币的发行，为了促使农商之间交易；但物极必反，发生了玩弄巧诈，兼并膨胀投机争利的事，以至于放弃农桑而趋务商贾。为此作《平准书》第八，以观察时事变化。

【原文】

太伯避历，江①蛮是适；文武攸兴，古公王迹。阖庐弑僚，宾服荆楚②；夫差克齐，子胥鸱夷③；信嚭亲越，吴国既灭。嘉④伯之让，作《吴世家》第一。

【注释】

①江：指江水（今长江）。②荆楚：即楚国。荆，古代楚国的别称，因其初建都于荆山一带，故名。③鸱夷：革囊。④嘉：称许；表扬。

【译文】

太伯避让季历，逃到南方蛮夷地区，文王、武王兴起，继承了古公的王业。阖庐杀王僚而自立，使得楚国宾服；夫差战胜齐国而骄狂害贤，杀伍子胥用革囊裹尸抛在江中；听信伯嚭而亲近越国，吴国终于灭亡。为称许太伯谦让的高风，作《吴世家》第一。

【原文】

申、吕肖①矣，尚父②侧微，卒归西伯，文武是师；功冠群公，缪权于幽③；番番黄发④，爰飨营丘⑤。不背柯盟，⑥桓公以昌，九合诸侯，霸功显彰。田阚⑦争宠，姜姓解亡。嘉父之谋，作《齐太公世家》第二。

【注释】

①申：地名。传说吕尚之祖封于申。吕：吕尚。肖：通"消"，衰微。②尚父：即吕尚。③缪：绸缪，深奥之意。权：权谋，韬略。幽：幽昧不显。④番番：勇武的样子。黄发：言老人发白而更黄。⑤营丘：古邑名。在今山东临淄北。吕尚受封于齐，在营丘建都。后改名临淄。⑥柯：春秋时地名，在今山东谷县东北。⑦田、阚：田常、阚止（即监止）。

【译文】

原先封于申的吕氏衰微了，所以尚父起初微贱，后来投靠西伯，被文王、武王尊为国师；在群公中功勋第一，韬略深奥莫测；年高发黄时，受封于营丘。不违背柯之盟，桓公因此兴起，成了诸侯的盟主，霸业显赫。田常、阚止争宠，姜姓逐渐灭亡。为称许尚父的谋略，作《齐太公世家》第二。

【原文】

依之违之，周公绥之；愤发文德[1]，天下和之；辅翼成王，诸侯宗周。隐桓之际，是独何哉？三桓[2]争彊，鲁乃不昌。嘉旦《金縢》[3]，作《周公世家》第三。

【注释】

①文德：指礼乐教化。②三桓：指鲁桓公的后嗣孟孙氏、叔孙氏、季孙氏等三家贵族。③旦：周公旦。《金縢》：《尚书》篇名。

【译文】

诸侯或依或违，周公安抚天下；致力于礼乐教化，使天下和乐生活；辅佐成王，使诸侯尊崇周室。隐公、桓公之际的争权夺位，是什么风气呀？三桓内争逞强，鲁国于是衰败了。为称许周公旦作《金縢》篇的高尚品格，作《周公世家》第三。

【原文】

武王克纣，天下未协而崩。成王既幼，管蔡疑之，淮夷叛之，于是召公率德，安集王室，以宁东土。燕哙之禅，乃成祸乱。嘉《甘棠》之诗[①]，作《燕世家》第四。

【注释】

①《甘棠》之诗：《诗经·召南》有《甘棠篇》。

【译文】

武王灭纣之后，天下没有安定就死了。成王幼小，管叔、蔡叔怀疑，淮夷反叛，于是召公遵守大义，安抚了皇室，使得东方安宁。燕王哙的禅位，造成了祸乱。为称许《甘棠》之诗的思想内容，作《燕世家》第四。

【原文】

管蔡相武庚，将宁旧商；及旦摄政，二叔不飨；杀鲜放度，周公为盟；大任十子[①]，周以宗彊。嘉仲[②]悔过，作《管蔡世家》第五。

【注释】

①大任：当作太姒。据本书《周本纪》，大任（即太任）乃周文王之母。据本书《管蔡世家》，太姒乃文王正妃，生十子。十子：据本书《管蔡世家》，太姒所生十子是：伯邑考、武王发、管叔鲜、周公旦、蔡叔度、曹叔振铎、成叔武、

霍叔处、康叔封、冉季载。②仲：蔡叔度之子蔡仲。

【译文】

管叔、蔡叔监视武庚，是要安抚商代遗民；等到周公旦摄政，管蔡二叔作乱而不能再享爵禄；杀了管叔鲜、放逐蔡叔度，都由周公主持；大任所生十子，周朝赖以保宗卫国。为称许蔡仲能够悔过，作《管蔡世家》第五。

【原文】

王后不绝，舜禹是说；维德休明，苗裔蒙烈。百世享祀，爰周陈杞，楚实灭之。齐田[1]既起，舜何人哉？作《陈杞世家》第六。

【注释】

①齐田：齐国田氏。春秋时陈厉公之子完，由陈奔齐，以陈氏为田氏。

【译文】

圣王后嗣不会绝灭，舜禹就是这样；由于德行美盛，后裔也沾了光。历代享有祀典，到了周朝封舜禹的后裔为陈杞二国，被楚所灭。后来田氏又在齐国夺了权，舜是何等圣明啊！为此作《陈杞世家》第六。

【原文】

收殷余民，叔[1]封始邑，申[2]以商乱，《酒》《材》[3]是告，及朔[4]之生，卫顷[5]不宁；南子恶蒯聩[6]，子父易名。周德卑微，战国既彊，卫以小弱，角[7]独后亡。嘉彼《康诰》[8]，作《卫世家》第七。

【注释】

①叔：指康叔。周代卫国的始祖。名封。初封于康，故名康叔。周公旦镇压武庚之后，将殷民七族和商故都周围地区封给他，国号卫。②申：一再。③《酒》《材》：《酒诰》《梓材》两篇文告。载于《尚书》。④朔：春秋时，卫宣公之子朔，谗杀太子伋，立为惠公。⑤顷：『倾』的本字，倾危。⑥南子：春秋时卫灵公夫人。蒯聩：卫灵公的太子。⑦角：战国末年卫元君之子角。后被秦二世废为庶人。⑧《唐诰》：周公分封时告诫康叔的文告。载于《尚书》。

【译文】

收集殷的遗民，康叔受封才有卫国，商人一再变乱，有《酒诰》《梓材》予以警告，到了朔出世，卫国倾危不宁；南子讨厌蒯聩而酿成祸乱，父子之间丧失名分。周室日益微弱，战国七雄逞强，卫国因为小弱，角反而最后一个灭亡。为称许《康诰》的思想价值，作《卫世家》第七。

【原文】

嗟箕子乎！嗟箕子乎！正言不用，乃反为奴。武庚既死，周封微子。襄公伤于泓，君子孰称。景公谦德，荧惑[1]退行。剔成暴虐[2]，宋乃灭亡。嘉微子问太师[3]，作《宋世家》第八。

【注释】

①荧惑：即火星。因它荧荧似火，时隐时现；在天空运行，时而从东往西，时而从西往东，令人迷惑，故古人称它为荧惑。②剔成暴虐：暴虐而亡者乃宋王偃，而非剔成。疑『剔成』乃『王偃』之讹。③微子问太师：《尚书·微子》载有微子和太师、少师问答之辞。

【译文】

箕子啊！箕子啊！正言没有被人采用，反而成了奴仆。武庚死后，周朝封了微子。襄公在泓受了伤，得到君子的称赞。景公谦逊的美德，感动荧惑退行。剔成暴虐，宋国由此灭亡。为称许微子问太师之辞，作《宋世家》第八。

【原文】

武王既崩，叔虞邑唐。君子讥名[1]，卒灭武公。骊姬之爱，乱者五世；重耳不得意，乃能成霸。六卿[2]专权，晋国以耗。嘉文公锡珪鬯，作《晋世家》第九。

【注释】

①君子讥名：晋穆侯娶齐女姜氏为夫人，生太子，取名仇；生少子，取名成师。晋人师服以为晋侯取名不当，晋国必将内乱。②六卿：指晋国的智伯、范、中行、韩、赵、魏等六家贵族。

【译文】

武王死后，叔虞受封于唐。君子讥刺晋侯取名不当，后来果然被曲沃武公所灭。骊姬受宠，酿成祸乱延了五代；重耳不得意而发愤振作，才能建立霸业。六卿专权，晋国从此衰亡。为称许文公勤王而得到天子赏赐珪玉鬯酒，作《晋世家》第九。

【原文】

重黎[1]业之，吴回[2]接之；殷之季世，粥子[3]牒之。周用熊绎，熊渠是续。庄王之贤，乃复国陈[4]；既赦郑伯[5]，班师华元[6]。怀王客死，兰[7]咎屈原；好谀信谗，楚并于秦。嘉庄王之义，作《楚世家》第十。

【注释】

①重黎：传说为颛顼后嗣，帝喾时为火正。②吴回：传说为重黎之弟，复为帝喾时火正。③粥子：即鬻熊。④复国陈：楚庄王攻克陈国，以申叔之谏而恢复之。⑤赦郑伯：楚庄王攻克郑国，因郑伯表示投降，乃赦郑伯而退军。⑥班师华元：楚庄王以楚兵围攻宋国，历时五个月，宋城中食尽，易子而食，折骨而炊。宋华元出告此情。楚庄王遂罢兵而去。⑦兰：子兰。楚怀王之子。

【译文】

重黎创业，吴回接续；到了殷末，粥熊始入谱牒。周朝用了熊绎，接着是熊渠。庄王贤能，恢复已攻克的陈国；伐郑胜利时赦免郑伯，因华元说情而从宋国退兵。怀王客死于秦，子兰仇恨屈原；因为喜欢阿谀而听信谗言，楚国终于被秦国并吞。为称许庄王的义气，作《楚世家》第十。

【原文】

少康之子，实宾南海，文身断发，鼋[1]鳣与处，既守封、禺[2]，奉禹之祀。勾践困彼，乃用种、蠡。嘉勾践夷蛮能修其德，灭彊吴以尊周室，作《越王勾践》世家第十一。

【注释】

①鼋：大鳖，俗称癞头鼋。鳣：同『鼍』。一种爬行动物。②封、禺：二山名。在今浙江省武康县东。

【译文】

少康的儿子，封在南海，身上涂着花纹，头发全都剪掉，和鼋鼍在一起，世代守着封禺二山，奉祀大禹。勾践困守在那里，才重用文种、范蠡。为称许勾践本是蛮夷而能修德，灭了强大的吴国以尊崇周室，作《越王勾践世家》第十一。

【原文】

桓公之东，太史是庸①。及侵周禾，王人是议。祭仲要盟②，郑久不昌。子产之仁，绍世称贤。三晋③侵伐，郑纳于韩。嘉厉公纳惠王，作《郑世家》第十二。

【注释】

①庸：功劳。②祭仲要盟：春秋时郑国权臣祭仲，初立太子忽，是为昭公。不久，因宋国要挟，与宋订盟，而立昭公忽之弟突，是为厉公，由是引起郑国内乱。③三晋：指韩、赵、魏三国。

【译文】

桓公到了东方，是太史建议之功。等到侵周取禾，王朝的人颇有非议。权臣祭仲被宋国要挟而乱立国君，引起郑国长期内乱。子产有仁义之名，世代被称为贤者。三晋前来侵伐，郑就亡于韩国。为称许厉公纳惠王于周，作《郑世家》第十二。

【原文】

维骥①騄耳，乃章造父。赵夙事献，衰续厥绪。佐文尊王，卒为晋辅。襄子困辱，乃禽智伯。主父②生缚，饿死探爵③。王迁辟淫④，良将是斥。嘉鞅讨周乱，作《赵世家》第十三。

【注释】

①骥：千里马。騄耳：良马名。②主父：赵武灵王自号主父。③爵：通「雀」。④辟淫：放荡、淫逸。

【译文】

有了骥和騄耳，才显出造父的本领。赵夙侍奉晋献公，赵衰继承其业。协助晋文公尊奉王室，终于成了晋国辅佐。襄子受了困辱，才灭了智伯。主父亲身受围挨饿，取雀充饥，终于饿死。赵王迁荒淫，不用良将李牧。为称许赵鞅讨平周乱，作《赵世家》第十三。

【原文】

毕万爵魏，卜人知之。及绛戮干，戎翟和之。文侯慕义，子夏师之。惠王自矜，齐秦攻之。既疑信陵，诸侯罢之。卒亡大梁，王假厮①之。嘉武佐晋文申霸道，作《魏世家》第十四。

【注释】

①厮：奴隶或仆役。

【译文】

毕万受封于魏，卜人早就知道了。到了魏绛杀杨干的御者以申军法，戎翟前来求和。文侯尊崇学术，以子夏为师。惠王自恃，被齐秦攻伐。信陵君被魏王怀疑，诸侯便不协助魏国。终于亡了大梁，魏王假成了奴仆。为称许魏武子协助晋文公成就霸道，作《魏世家》第十四。

【原文】

韩厥阴德，赵武攸兴。绍绝立废，晋人宗之。昭侯显列，申子庸[1]之。疑非不信，秦人袭之。嘉厥辅晋匡周天子之赋，作《韩世家》第十五。

【注释】

①庸：任用。

【译文】

韩厥的阴德，是保护孤儿赵武，使他复兴赵氏。因他继绝立废，得到晋人的敬仰。昭侯显名于诸侯，因为任用了申不害。怀疑韩非而不信用，被秦国袭灭。为称许韩厥辅佐晋国，匡正周室之赋，作《韩世家》第十五。

【原文】

完子避难，适齐为援，阴施五世，齐人歌之。成子得政，田和为侯。王建动心，乃迁于共。嘉威、宣能拨浊世而独宗周，作《田敬仲完世家》第十六。

周室既衰，诸侯恣行。仲尼悼礼废乐崩，追修经术，以达王道，匡乱世反之于正，见其文辞，为天下制仪法，垂《六艺》之统纪于后世。作《孔子世家》第十七。

桀、纣失其道而汤、武作，周失其道而《春秋》作。秦失其政，而陈涉发迹，诸侯作难，风起云蒸，卒亡秦族。天下之端，自涉发难。作《陈涉世家》第十八。

成皋之台，薄氏始基。诎意[1]适代，厥崇诸窦。栗姬偩[2]贵，王氏乃遂。陈后太骄，卒尊子夫。嘉夫[3]德若斯，作

《外戚世家》第十九。

【注释】

①诎意：曲意。②偩：同「负」，倚恃。③夫：卫子夫。

【译文】

完子逃避陈国之难，到了齐国，施善积德五代，得到齐人的歌颂。成子掌了大权，田和成了齐侯。王建思想动摇，被秦迁徙于共。为称许威王、宣王能挽救乱世而独尊周室，作《田敬仲完世家》第十六。

周室衰微了，诸侯更加放纵。仲尼痛感礼废乐崩，便努力研究经学，以建设王道，挽救乱世重返于治世，在他的著述中，为天下制定法则，使六艺的纲纪永垂于后世。为此作《孔子世家》第十七。

桀、纣无道，而汤、武革命；周室无道，而《春秋》写作；秦朝暴虐，而陈涉起义，诸侯响应，犹如风起云涌，终于消灭了秦。天下的新生，首先是陈涉发难。为此作《陈涉世家》第十八。

汉王坐成皋台，薄姬才得幸。窦姬曲意到了代地，使诸窦显贵。栗姬仗势骄横，反使王氏得以立为皇后。陈后骄贵失宠，终于另立卫子夫为皇后。为称许卫子夫女德如此，作《外戚世家》第十九。

【原文】

汉既谲谋①，禽信于陈；越荆剽轻，乃封弟交为楚王，爰都彭城，以彊淮泗，为汉宗藩。戊溺于邪，礼复绍之。嘉游辅祖②，作《楚元王世家》第二十。

【注释】

①谲谋：诈谋。谲，欺诈。②游：楚元王刘交之字。祖：汉高祖。

【译文】

汉用了诈谋，在陈擒回韩信；因为越楚地区百姓剽悍轻捷，高祖便封少弟刘交为楚王，建都彭城，以加强淮泗一带，成为汉朝的宗藩。刘戊因邪谋败露而自杀，刘礼又继为楚王。为称许楚王刘交辅助高祖，作《楚元王世家》第二十。

【原文】

维祖师旅，刘贾是与；为布所袭，丧其荆、吴。营陵激吕①，乃王琅邪；怵午②信齐，往而不归，遂西入关，遭立孝文，获复王燕。天下未集，贾、泽以族，为汉藩辅。作《荆燕世家》第二十一。

【注释】

①营陵：指营陵侯刘泽。吕：吕后。②怵：受了诱惑。午：祝午。

【译文】

高祖起兵，刘贾参与；被黥布袭击，丧失了封地。营陵侯刘泽以言语感动了吕太后，得封为琅邪王；受了祝午诱惑而轻信齐王，往而不归，于是脱身西行入关，遇上拥立文帝的时机，又获封燕王。天下未定的时候，刘贾、刘泽因为是宗室，作了汉朝的属藩辅佐。为此作《荆燕世家》第二十一。

【原文】

天下已平，亲属既寡；悼惠先壮，实镇东土。哀王擅兴，发怒诸吕，驷钧暴戾，京师弗许。厉之内淫，祸成主父。嘉肥股肱，作《齐悼惠王世家》第二十二。

楚人围我荥阳，相守三年；萧何填抚山西[1]，推计[2]踵兵，给粮食不绝，使百姓爱汉，不乐为楚。作《萧相国世家》第二十三。

【注释】

①填抚：即镇抚。填，通「镇」，安定。山西：谓太行山之西。②推计：推算；计算。

【译文】

天下已经平定，刘氏亲属寡少；刘肥先壮，被封为齐王，镇守东方。哀王擅自兴兵，发怒想杀诸吕，因外家驷钧暴虐，朝廷大臣不拥立哀王为帝。厉王和姊私通，因主父偃勘问而酿成王畏罪自杀之祸。为称许刘肥为高祖的助手，作《齐悼惠王世家》第二十二。

楚兵围汉王于荥阳，相峙三年；萧何这时镇抚山西，推算着不断地向前方输送兵员和粮饷，使百姓爱汉，而不乐意为楚卖力。为此作《萧相国世家》第二十三。

【原文】

与信定魏，破赵拔齐，遂弱楚人。续何相国，不变不革，黎庶[1]攸宁。嘉参不伐功矜能，作《曹相国世家》第二十四。

【注释】

①黎庶：犹「黎民」，老百姓。

【译文】

和韩信一起定魏地，击破赵军，攻克齐城，于是削弱了楚的势力。接续萧何为相国，一切都不变革，百姓得以安宁。为称许曹参不夸功矜能，作《曹相国世家》第二十四。

【原文】

运筹帷幄[1]之中，制胜于无形，子房计谋其事，无知名，无勇功，图难于易，为大于细。作《留侯世家》第二十五。

【注释】

①帷幄：军中的帐幕。

【译文】

在营幕里用计，无形中制胜敌人，子房计谋军事，不知出了什么主意，没有勇敢杀敌的战功，办难事于容易处下手，做大事于细微处完成。为此作《留侯世家》第二十五。

【原文】

六奇既用，诸侯宾从于汉；吕氏之事，平为本谋，终安宗庙，定社稷。作《陈丞相世家》第二十六。

诸吕为从[1]，谋弱京师，而勃反经[2]合于权；吴楚之兵，亚夫驻于昌邑，以厄齐赵，而出委[3]以梁。作《绛侯世家》

第二十七。

【注释】

①从：通「纵」，合纵。②反经：反常；与往常不同。③出委：放弃。

【译文】

用了六个奇计，使得诸侯服从汉朝；铲除了诸吕，陈平是主谋，终于安定宗庙，保住社稷。为此作《陈丞相世家》第二十六。

诸吕合纵，阴谋削弱京师，而周勃异常地深通权变；吴楚谋反，周亚夫驻守于昌邑，以控制齐赵，而放弃梁以牵制吴楚。为此作《绛侯世家》第二十七。

【原文】

七国叛逆，蕃屏京师，唯梁为扞①；偩爱矜功，几获于祸。嘉其能距②吴楚，作《梁孝王世家》第二十八。

【注释】

①扞：捍卫。②距：通「拒」，抗拒。

【译文】

七国叛逆，京师的屏障，只有梁为其捍卫；梁王恃宠夸功，几乎遭到大祸。为称许他能抵抗吴楚，作《梁孝王世家》第二十八。

【原文】

五宗既王，亲属洽和，诸侯大小为藩，爰得其宜，僭拟[1]之事稍衰贬矣。作《五宗世家》第二十九。

【注释】

①僭拟：超越本分。自比于居上位者。

【译文】

五宗都封了王，亲属之间相处和洽，大小诸侯都是京师的屏藩，各得其所，超越本分的事情就减少了。为此作《五宗世家》第二十九。

【原文】

三子之王，文辞可观。作《三王世家》第三十。

末世争利，维彼奔义；让国饿死，天下称之。作《伯夷列传》第一。

晏子俭矣，夷吾则奢；齐桓以霸，景公以治。作《管晏列传》第二。

李耳无为自化，清净自正；韩非揣[1]事情，循埶理[2]。作《老子韩非列传》第三。

【注释】

①揣：忖度。②埶理：客观规律。

【译文】

武帝的儿子封王，有关的文件洋洋可观。为此作《三王世家》第三十。

末世争利，只有他追求正义；让出君位而自己饿死，得到天下人的称赞。为此作《伯夷列传》第一。

晏子俭朴，夷吾奢侈；齐桓公因有管仲而称霸，齐景公因有晏子而国治。为此作《管晏列传》第二。

李耳主张无为、清净，任其自然；韩非忖度人情物理，遵循客观规律。为此作《老子韩非列传》第三。

【原文】

自古王者而有《司马法》，穰苴能申明之。作《司马穰苴列传》第四。

非信廉仁勇不能传兵论剑，与道同符，内可以治身，外可以应变，君子比德焉。作《孙子吴起列传》第五。

维建遇谗，爰及子奢，尚既匡父，伍员奔吴。作《伍子胥列传》第六。

孔氏述文，弟子兴业，咸为师傅，崇仁厉义。作《仲尼弟子列传》第七。

鞅去卫适秦，能明其术，彊霸孝公，后世遵其法。作《商君列传》第八。

天下患衡秦毋餍①，而苏子能存诸侯，约从以抑贪彊。作《苏秦列传》第九。

【注释】

①衡：通『横』，连横。餍：饱。引申为满足。

【译文】

自古以来王者掌握《司马法》，穰苴能加以发扬光大。为此作《司马穰苴列传》第四。

没有信、廉、仁、勇四项品格，不能传习兵法、讨论剑术，更不能符合军事的客观要求；如果俱备，对己可以修身，处世可以应变，君子以为这就是兵家的道德了。为此作《孙子吴起列传》第五。

楚平王的太子建遭到谗言，连累到伍奢被囚，伍奢的长子伍尚去救父亲，次子伍员逃奔吴国。为此作《伍子胥列传》第六。

孔子传述文献，三千弟子受业，后来都做了师傅，崇尚仁道，激励节义。为此作《仲尼弟子列传》第七。

商鞅从卫国到了秦国，实行他的法术，使秦孝公强大称霸，后世还奉行其法。为此作《商君列传》第八。

天下诸侯都担忧贪狠的秦国连衡；而苏秦能保存诸侯，用合纵以抑制贪强的秦国。为此作《苏秦列传》第九。

【原文】

六国既从亲，而张仪能明其说，复散解诸侯。作《张仪列传》第十。

秦所以东攘雄诸侯，樗里、甘茂之策。作《樗里甘茂列传》第十一。

苞①河山，围大梁，使诸侯敛手而事秦者，②魏冉之功。作《穰侯列传》第十二。

【注释】

①苞：通「包」，控制之意。②敛手：缩手，表示不敢有所作为。

【译文】

六国已经合纵一致，而张仪能申明他的说法，又瓦解了诸侯的合纵。为此作《张仪列传》第十。

秦国所以能向东方扩张称雄诸侯，是由于樗里、甘茂的策划。为此作《樗里甘茂列传》第十一。

控制河山，围攻大梁，使诸侯束手而臣服秦王的，是魏冉的功绩。为此作《穰侯列传》第十二。

【原文】

南拔鄢郢，北摧长平，遂围邯郸，武安为率；破荆灭赵，王翦之计。作《白起王翦列传》第十三。

猎[1]儒墨之遗文，明礼义之统纪[2]，绝惠王利端，列往世兴衰。作《孟子荀卿列传》第十四。

【注释】

①猎：涉猎，谓博览群书。②统纪：纲纪。

【译文】

在南方攻下楚的鄢郢，在北方摧毁赵的长平军，包围赵都邯郸，是由武安君白起为统帅；击破楚国，灭了赵国，是王翦的计谋。为此作《白起王翦列传》第十三。

涉猎儒家、墨家的著作，通晓礼义的纲纪，制止梁惠王求利的思想，论列历史上兴衰的原委。为此作《孟子荀卿列传》第十四。

【原文】

好客喜士，士归于薛，为齐扞楚魏。作《孟尝君列传》第十五。

争冯亭以权，如楚以救邯郸之围，使其君复称于诸侯。作《平原君虞卿列传》第十六。

能以富贵下贫贱，贤能诎[1]于不肖，唯信陵君为能行之。作《魏公子列传》第十七。

【注释】

①诎：通「屈」，屈辱。

【译文】

喜欢接待宾客贤士，士人来到了薛地，为齐国抵御楚魏。为此作《孟尝君列传》第十五。

听信冯亭游说而争一时之利，赴楚请求救兵解除邯郸的围困，使赵王仍旧名列于诸侯。为此作《平原君虞卿列传》第十六。

能以富贵者的身份尊重贫贱者，贤能者屈于不肖者，只有信陵君能够做到。为此作《魏公子列传》第十七。

【原文】

以身徇[1]君，遂脱彊秦，使驰说之士南乡[2]走楚者，黄歇之义。作《春申君列传》第十八。

【注释】

①徇：通『殉』，为某事物而不惜身。②乡：通『向』，面向。

【译文】

冒着生命危险，让君主终于脱离强秦，使游说之士向南方投奔楚国的，是由于黄歇的义气。为此作《春申君列传》第十八。

【原文】

能忍诟[1]于魏齐，而信[2]威于彊秦，推贤让位，二子有之。作《范雎蔡泽列传》第十九。

【注释】

①诟：同『垢』，辱。②信：通『伸』。

【译文】

能忍受魏齐的侮辱，而在强秦大显威风，让出相位给贤士，范蔡二人都是这样。为此作《范雎蔡泽列传》第十九。

【原文】

率[1]行其谋，连五国兵，为弱燕报彊齐之雠，雪其先君之耻。作《乐毅列传》第二十。

【注释】

①率：领先。

【译文】

领先实行他的计谋，联合五国的军队，替弱小的燕国报了强大的齐国之仇，洗雪了燕先君的耻辱。为此作《乐毅列传》第二十。

【原文】

能信意彊秦，而屈体廉子，用徇其君，俱重于诸侯。作《廉颇蔺相如列传》第二十一。

湣王既失临淄而奔莒，唯田单用即墨破走骑劫，遂存齐社稷。作《田单列传》第二十二。

能设诡说解患于围城，轻爵禄，乐肆志[1]。作《鲁仲连邹阳列传》第二十三。

【注释】

①肆志：任意。

【译文】

能在强横的秦王面前得意，而委屈自己对廉颇十分尊重，二人为了国家而不计个人得失，都在各国享有很高威望。为此作《廉颇蔺相如列传》第二十一。

齐湣王丧失临淄逃到了莒城，只有田单以即墨为据点击退燕将骑劫，终于保卫了齐国。为此作《田单列传》第二十二。

能用诡辩解除邯郸被围之患，轻视爵禄，喜欢任意行为。为此作《鲁仲连邹阳列传》第二十三。

【原文】

作辞以讽谏，连类以争义，《离骚》有之。作《屈原贾生列传》第二十四。

结子楚亲，使诸侯之士斐然[1]争入事秦。作《吕不韦列传》第二十五。

【注释】

①斐然：本义是色彩纷呈；这是踊跃之意。

【译文】

用文辞向国君讽谏，用比喻以表彰正义，《离骚》是这种主题思想。为此作《屈原贾生列传》第二十四。

为子楚结欢华阳夫人而得以立嗣继位，使列国各种人士争入秦国效力。为此作《吕不韦列传》第二十五。

【原文】

曹子匕首，鲁获其田，齐明其信；豫让义不为二心。作《刺客列传》第二十六。

能明其画，因时推秦，遂得意于海内，斯为谋首。作《李斯列传》第二十七。

为秦开地益众，北靡匈奴，据河为塞，因山为固，建榆中。作《蒙恬列传》第二十八。

填赵塞常山以广河内，弱楚权，明汉王之信于天下。作《张耳陈余列传》第二十九。

收西河、上党之兵，从至彭城；越之侵掠梁地以苦项羽。作《魏豹彭越列传》第三十。

以淮南叛楚归汉，汉用得大司马殷，卒破子羽于垓下。作《黥布列传》第三十一。

楚人迫我京索，而信拔魏赵，定燕齐，使汉三分天下有其二，以灭项籍。作《淮阴侯列传》第三十二。

楚汉相距巩洛，而韩信为填颍川，卢绾绝籍粮饷。作《韩信卢绾列传》第三十三。

诸侯畔项王，唯齐连子羽城阳，汉得以间遂入彭城。作《田儋列传》第三十四。

攻城野战，获功归报，哙、商有力焉，非独鞭策，又与之脱难。作《樊郦列传》第三十五。

汉既初定，文理未明，苍为主计[1]，整齐度量，序律历。作《张丞相列传》第三十六。

【注释】

①主计：官名。主管国家财政，计算出入，故名。

【译文】

曹沫用匕首威胁齐桓公，使鲁国收回失地，齐国做到守信；豫让一心为智伯报仇而无二心。为此作《刺客列传》第二十六。

能订出重大的计划，抓住时机促使秦国进一步发展，终于统一天下建立帝国，李斯是主谋。为此作《李斯列传》

第二十七。

替秦朝开拓疆域，在北方击败匈奴，沿着黄河、阳山修筑长城，巩固边防，建置榆中。为此作《蒙恬列传》第二十八。

守赵地、保常山以广拓河内，削弱楚国的势力，在天下树立了汉王的威信。为此作《张耳陈余列传》第二十九。

魏豹收集西河、上党的军队，跟从汉王到了彭城；彭越在梁地扰乱楚军后方，使项羽陷于困境。为此作《魏豹彭越列传》第三十。

黥布据淮南一带叛楚投汉，汉用他劝说大司马周殷前来投降，终于在垓下击破了项羽。为此作《黥布列传》第三十一。

楚军逼迫我方的京索，而韩信攻下魏、赵，平定燕、齐，使汉三分天下占有二分，因而灭了项籍。为此作《淮阴侯列传》第三十二。

楚汉两军在巩洛对峙，而韩信为汉王镇守颍川，卢绾断绝项籍的粮饷。为此作《韩信卢绾列传》第三十三。

诸侯背叛项王，齐军牵制项羽于城阳，汉王才得以乘机进入彭城。作《田儋列传》第三十四。

攻城野战，获功回报，樊哙、郦商出力了，不但随侍汉王，还替他解脱过危难。为此作《樊郦列传》第三十五。

汉朝初定天下的时候，文治还没有办到，张苍做主计，统一度量，编定律历。为此作《张丞相列传》第三十六。

【原文】

结言通使，约怀诸侯；诸侯咸亲，归汉为藩辅。作《郦生陆贾列传》第三十七。

欲详知秦楚之事，维周緤常从高祖，平定诸侯。作《傅靳蒯成列传》第三十八。

徙彊族，都关中，和约匈奴；明朝廷礼，次宗庙仪法。作《刘敬叔孙通列传》第三十九。

能摧刚作柔，卒为列臣；栾公不劫于埶而倍死①。作《季布栾布列传》第四十。

【注释】

①劫：威逼；胁迫。倍：通「背」。倍死：怕死。

【译文】

通使结盟，联络诸侯，使诸侯都来亲附，做汉室的屏藩辅佐。为此作《郦生陆贾列传》第三十七。

能详细知道秦楚间的事情，只有常常随从高祖平定诸侯的周緤。为此作《傅靳蒯成列传》第三十八。

迁徙豪族，定都关中，同匈奴订立和约；制定朝廷礼仪，订立宗庙仪法。为此作《刘敬叔孙通列传》第三十九。

季布能化刚强为柔和，终于做了汉臣；栾公不因受到权势威胁而怕死。为此作《季布栾布列传》第四十。

【原文】

敢犯颜色以达主义，不顾其身，为国家树长画。作《袁盎朝错列传》第四十一。

守法不失大理，言古贤人，增主之明。作《张释之冯唐列传》第四十二。

敦厚慈孝，讷[1]于言，敏于行，务在鞠躬[2]，君子长者。作《万石张叔列传》第四十三。

【注释】

①讷：出言迟钝。②鞠躬：恭敬、谨慎的样子。

【译文】

敢犯颜直谏，使君主行动合乎道义；不顾自身安危，为国家建立长远的大计。为此作《袁盎朝错列传》第四十一。

遵循法度，不失大体，称说古时贤人，使主上越加英明。为此作《张释之冯唐列传》第四十二。

为人诚朴宽厚、仁慈孝顺，出言迟钝，行动敏捷，一生谨慎，是君子长者。为此作《万石张叔列传》第四十三。

【原文】

守节切直，义足以言廉，行足以厉贤，任重权不可以非理挠。作《田叔列传》第四十四。

扁鹊言医，为方者[1]宗，守数[2]精明；后世循序，弗能易也，而仓公可谓近之矣。作《扁鹊仓公列传》第四十五。

【注释】

①方者：医家。医以方剂治疾，故称。②数：数术，方术。

【译文】

守节耿直，义气足以称得上清廉，行为足以激励向贤，担任重要职务时不徇私舞弊。为此作《田叔列传》第四十四。

扁鹊行医，是医家大宗，技术精明，后世继承下来，没有改变，仓公的医术可以说是和扁鹊差不多。为此作《扁鹊仓公列传》第四十五。

【原文】

维仲之省[1]，厥濞王吴，遭汉初定，以填抚江淮之间。作《吴王濞列传》第四十六。

【注释】

①仲之省：刘仲因罪从代王降封为郃阳侯。省，减省。引申为降低。

【译文】

刘仲贬低封爵，刘濞被封为吴王，遇上汉室初定天下的时机，得以镇抚江淮一带。为此作《吴王濞列传》第四十六。

【原文】

吴楚为乱，宗属唯婴贤而喜士，士乡之，率师抗山东荥阳。作《魏其武安列传》第四十七。

智足以应近世之变，宽足用得人。作《韩长孺列传》第四十八。

勇于当敌，仁爱士卒，号令不烦，师徒乡之。作《李将军列传》第四十九。

自三代以来，匈奴常为中国患害；欲知彊弱之时，设备征讨，作《匈奴列传》第五十。

直曲塞，广河南，破祁连，通西国，靡北胡。作《卫将军骠骑列传》第五十一。

大臣宗室以侈靡相高，唯弘用节衣食为百吏先。作《平津侯列传》第五十二。

汉既平中国，而佗能集杨越以保南藩，纳贡职。作《南越列传》第五十三。

吴之叛逆，瓯人斩濞，葆[1]守封禺为臣。作《东越列传》第五十四。

【注释】

①葆守：保守。葆，通「保」。

【译文】

吴楚作乱的时候，窦氏宗族中只有窦婴贤能而好交游，士人投奔他，他带领大军守荥阳以抗拒山东诸侯。为此作《魏其武安列传》第四十七。

智谋可以应付近世的事变，宽厚可以争取人们的好感。为此作《韩长孺列传》第四十八。

对敌人勇敢，待士兵仁爱，号令简易，军士衷心服从他。为此作《李将军列传》第四十九。

从三代以来，匈奴常为中原的祸患；要掌握它强和弱的情况，设备防御，或出兵征讨，为此作《匈奴列传》第五十。

出兵边塞外，收复河南地，攻破祁连山，开通了西域，摧败了匈奴。为此作《卫将军骠骑列传》第五十一。

大臣和刘氏宗室竞相奢侈糜烂，只有公孙弘以节约衣食作为百官的首务。为此作《平津侯列传》第五十二。

汉朝平定中原以后，南越王赵佗能安抚杨越，保守南方的屏障，向汉朝称臣纳贡。为此作《南越列传》第五十三。

吴王叛乱的时候，东瓯人杀了刘濞，保守封禺山，为汉朝的臣民。为此作《东越列传》第五十四。

【原文】

燕丹散乱辽间，满收其亡民，厥聚海东，以集真藩，葆塞为外臣。作《朝鲜列传》第五十五。

唐蒙使略通夜郎，而邛笮之君请为内臣受吏。作《西南夷列传》第五十六。

《子虚》之事，《大人》赋说，靡丽多夸，然其指风谏，归于无为。作《司马相如列传》第五十七。

黥布叛逆，子长国之，以填江淮之南，安剽[1]楚庶民。作《淮南衡山列传》第五十八。

【注释】

①安：安抚。剽：剽悍。

【译文】

燕丹的旧部逃散在辽东，朝鲜王满收容了这些逃亡者，屯聚海东，安抚真藩，保守边塞，为汉朝的外臣。为此作《朝鲜列传》第五十五。

唐蒙奉使经略西南，通使夜郎，邛、笮的君长请求内服为臣吏。为此作《西南夷列传》第五十六。

《子虚赋》中的事，《大人赋》中的话，华丽浮夸，但它的宗旨是讽谏，倾向于无为。为此作《司马相如列传》第五十七。

黥布反叛，高祖封少子长为淮南王，镇守江淮以南，安抚剽悍的楚地百姓。为此作《淮南衡山列传》第五十八。

【原文】

奉法循理之吏，不伐功矜能，百姓无称，亦无过行。作《循吏列传》第五十九。正衣冠立于朝廷，而群臣莫敢言浮说，长孺矜①焉；好荐人，称长者，壮有溉②。作《汲郑列传》第六十。

【注释】

①矜：庄重。②壮：『庄』字之误。庄，郑当时之字。溉：清，清正。

【译文】

遵循法令的官吏，不夸功逞能，百姓未曾称道，也没有过失。为此作《循吏列传》第五十九。衣冠端正立在朝廷，群臣没人敢虚言浮夸，汲长孺确实庄重；喜欢推荐人，被称为长者，郑庄享有清名。为此作《汲郑列传》第六十。

【原文】

自孔子卒，京师莫崇庠序①，唯建元元狩之间，文辞粲如②也。作《儒林列传》第六十一。

【注释】

①庠序：泛指学校。②粲如：华丽；兴盛。

【译文】

自孔子死后，京师不重视学校教育，只有建元、元狩之间，文风兴盛。为此作《儒林列传》第六十一。

【原文】

民倍本①多巧，奸轨弄法，善人不能化，唯一切②严削为能齐之。作《酷吏列传》第六十二。

【注释】

①倍本：不务农桑之业。②一切：一律。齐：整治。

【译文】

百姓多不务农桑而投机取巧，作奸犯科，老好人没法去感化，只有一律严刑重罚才能整治他们。为此作《酷吏列传》第六十二。

【原文】

汉既通使大夏，而西极远蛮，引领内乡，欲观中国。作《大宛列传》第六十三。

救人于厄，振①人不赡，仁者有乎；不既信②，不倍言，义者有取焉。作《游侠列传》第六十四。

【注释】

①振：「赈」的本字，救济。②既信：失信。

【译文】

汉朝已和大夏通使往来，而西方极远的蛮族，伸长脖子向内望着，想瞻仰中国。为此作《大宛列传》第六十三。

别人危难愿去救援，别人穷困乐意救济，有仁人的风格；不失信，不背弃诺言，有可取的侠义行为。为此作《游侠列传》第六十四。

【原文】

夫事人君能说主耳目，和主颜色，而获亲近，非独色爱，能亦各有所长。作《佞幸列传》第六十五。

不流世俗，不争埶利，上下无所凝滞[1]，人莫之害，以道[2]之用。作《滑稽列传》第六十六。

【注释】

①凝滞：拘牵。②道：因循自然。

【译文】

侍奉君主能使其耳目喜悦，颜色温和，而得到宠幸，不仅是他们容色可爱，本领也各有所长。为此作《佞幸列传》第六十五。

不在世俗中随波逐流，不和别人争权夺利，上下都没有拘牵而能与时推移，别人不会加害，是由于因循自然。为此作《滑稽列传》第六十六。

【原文】

齐、楚、秦、赵为日者，各有俗[1]所用。欲循观[2]其大旨，作《日者列传》第六十七。

【注释】

①俗：风俗。②循观：总观。

【译文】

齐、楚、秦、赵的日者，根据不同的风俗而施展技能。为了总观他们的宗旨，作《日者列传》第六十七。

【原文】

三王不同龟，四夷各异卜，然各以决吉凶。略闚[①]其要，作《龟策列传》第六十八。

【注释】

①闚：同「窥」，探测。

【译文】

三王用龟不同，四夷卜法各异，但各家都用来判断吉凶。为大略地探测其要点，作《龟策列传》第六十八。

【原文】

布衣匹夫之人，不害于政，不妨百姓，取与以时而息[①]财富，智者有采焉。作《货殖列传》第六十九。

【注释】

①息：蓄息；生息。

【译文】

一个普普通通的人，不触犯国家政法，不妨害百姓大众，选择时机做买卖而赚点钱，聪明的人也以为有可取的地方。

为此作《货殖列传》第六十九。

【原文】

维我汉继五帝末流，接三代绝业[1]。周道废，秦拨去[2]古文，焚灭《诗》《书》，故明堂石室金匮玉版[3]图籍散乱。于是汉兴，萧何次律令，韩信申军法，张苍为章程[4]，叔孙通定礼仪，则文学[5]彬彬稍进，《诗》《书》往往间出矣。自曹参荐盖公言黄老，而贾生、晁错明申、商，公孙弘以儒显，百年之间，天下遗文古事靡不毕集太史公。太史公仍父子相续纂[6]其职。曰：『於戏[7]！余维先人尝掌斯事，显于唐虞，至于周，复典之，故司马氏世主天官。至于余乎，钦念[8]哉！钦念哉！』罔罗天下放失旧闻，王迹[9]所兴，原始察终，见盛观衰，论考之行事，略推三代，录秦汉，上记轩辕，下至于兹，著十二本纪，既科条[10]之矣。并时异世，年差不明，作十表。礼乐损益，律历改易，兵权[11]山川鬼神，天人之际[12]，承敝通变[13]，作八书。二十八宿[14]环北辰，三十辐[15]共一毂，运行无穷，辅拂[16]股肱之臣配焉，忠信行道，以奉主上，作三十世家。扶义俶傥[17]，不令己失时，立功名于天下，作七十列传。凡百三十篇，五十二万六千五百字，为《太史公书》[18]。序略[19]，以拾遗补艺[20]，成一家之言，厥协[21]《六经》异传，整齐百家杂语，藏之名山[22]，副在京师，俟后世圣人君子。第七十。

太史公曰：余述历黄帝以来至太初而讫，百三十篇。

【注释】

①绝业：中断的事业。②拨去：抛弃。③玉版：指刻有文字的玉版。④章程：泛指各种规章制度。⑤文学：指文学之士。彬彬：文质兼备貌。⑥纂：继承。⑦於戏：感叹词，同『呜呼』。⑧钦念：敬慎地思念着。⑨王迹：王

者的业绩。⑩科条：科分条列，系统性的纲目。⑪兵权：指《律书》。上句已有『律』字，此似复出，当为衍文。山川：指《河渠书》。鬼神：指《封禅书》。⑫天人之际：指《天官书》。⑬承敝通变：指《平准书》。⑭二十八宿：古代天文学家把黄道（日月所经天区）的恒星分成二十八个星座，称为二十八宿。北辰：指北极星。⑮辐：车轮中连接轴心和轮圈的直木。共：通『拱』，拱卫。毂：车轮中心插轴的圆木。⑯辅拂：辅弼。拂：同『弼』，辅佐。⑰俶傥：卓异不凡。⑱《太史公书》：司马迁自称其著作之名。自东汉之后才称《史记》。⑲序略：编述大略。⑳补艺：弥补阙漏之意。㉑协：协调。《六经》异传：《六经》的不同传述。㉒名山：古代帝王藏书策的地方。

【译文】

我大汉承继五帝的遗绪，接续三代中断的事业。周道衰微之后，秦代抛弃古文，烧毁《诗》《书》，所以明堂石室金匮玉版等处的图书都散失了。汉朝兴起之后，萧何整理律令，韩信著述兵法，张苍拟定规章制度，叔孙通制订礼仪，于是文质兼备的文学之士逐渐进用，《诗》《书》等古籍不断地有所发现了。从曹参推荐专讲黄老之术的盖公之后，贾谊、晁错发扬申商之学，公孙弘因懂得儒术得以显贵，这一百年之间，天下已发现的遗文古事无不集中在太史府。太史公照常父子相继这个职位。慨叹道：『唉！我想到先人曾掌管这事，显名于唐虞时代，到了周朝又主管这个职事，所以说司马氏世代主持天官。一直轮到了我，敬慎地思念着！敬慎地思念着！』汇集天下散失的文献，王者的业绩所以兴盛，要考察自始至终的全部过程，要了解盛衰转变的内在联系，论评帝王的实践活动，略推三代，详录秦汉，从古代黄帝记起，一直记到现在，作十二篇本纪，具备系统性的纲目了。同一时期而不同世系，年代先后不大明白，作十篇表。礼乐的减增，律历的改变，兵家的权谋，山川的改造，鬼神的迷信，天人的关系，承敝而通变，作八篇书。二十八个星座环绕北极星，三十条辐同集中于一个毂，始终地运转，辅弼之臣忠信不渝，坚守臣道，以侍奉君主，犹如星辰、辐毂的关系一样，作三十篇世家。扶持正义，卓异不凡，抓住时机，建功立业，名载史册，作七十篇列传。共一百三十篇，五十二万六千五百字，称为《太史公书》。编述大略，借以收集散佚，弥补阙漏，成一家之言，协调《六经》的不同传述，整齐百家不同的说法，正本藏在名山，副本留传京师，等待后世圣人君子。这是第七十章。

太史公说：我撰述自黄帝以来，到太初讫止，共一百三十篇。

项羽本纪

【原文】

项籍者，下相[1]人也，字羽。初起时，年二十四。其季父[2]项梁，梁父即楚将项燕，为秦将王翦[3]所戮者也。项氏世世为楚将，封于项[4]，故姓项氏[5]。

【注释】

①下相：秦县，在今江苏宿迁市西南。因地处相水下流，故名。②季父：通谓叔父。古代以伯、仲、叔、季为兄弟行次，所以『季父』也用以指最小的叔父。刘熙《释名·释亲属》云：『叔父之弟曰季父。』③王翦：频阳（今陕西富平县）人，为秦始皇将军，数有战功。事详《史记》本传。④项：西周时封国。故地在今河南沈丘县。⑤姓项氏：姓与氏原来是有区别的，姓为原始部落称号，表示血缘所出；氏是姓的支系，为宗族系统的称号。氏的来源，或氏于号，或氏于谥，或氏于爵，或氏于国，或氏于官，或氏于字，或氏于居，或氏于事，或氏于职。项氏是氏于国。秦、汉以后姓氏混而为一。

【译文】

项籍是下相人，字羽。开始起兵时二十四岁。他的叔父是项梁，项梁的父亲就是楚将项燕，被秦将王翦所杀的那个人。项氏世代为楚将，封于项，所以姓项氏。

【原文】

项籍少时，学书①不成，去学剑，又不成。项梁怒之。籍曰：『书足以记名姓而已。剑一人敌，不足学，学万人敌。』于是项梁乃教籍兵法②，籍大喜，略知其意，又不肯竟学。项梁尝有栎阳逮③，乃请蕲狱掾曹咎书抵栎阳狱掾司马欣④，以故事得已。项梁杀人，与籍避仇于吴中⑤。吴中贤士大夫皆出项梁下。每吴中有大繇役及丧，项梁常为主办，阴以兵法部勒宾客及子弟⑥，以是知其能。秦始皇帝游会稽⑦，渡浙江⑧，梁与籍俱观。籍曰：『彼可取而代也。』梁掩其口，曰：『毋妄言，族⑨矣！』梁以此奇籍。籍长八尺⑩余，力能扛⑪鼎，才气过人，虽⑫吴中子弟皆已惮籍矣。

【注释】

①学书：学习认字和写字。②兵法：用兵作战的方法和原则。③栎阳：秦县，在今陕西临潼区东北。逮：连及。此指因罪案受牵连。④蕲：秦县，在今安徽宿县南。掾：古代官府属员的通称。狱掾：负责刑狱的主吏。曹咎：后为项羽军大司马，封海春侯。汉王四年（前203年），守成皋时被汉军打败自杀。抵：到达。司马欣：秦二世时曾为长史，率军随章邯攻陈胜、项梁，后降项羽。汉王四年（前203年），与曹咎在成皋之战被汉军打败自杀。⑤吴中：即吴，春秋时吴国都城，秦于此置吴县，为会稽郡郡治，故城在今江苏苏州市。⑥宾客：指从他处流寓本地的客民。子弟：指本地的土著丁壮。⑦秦始皇帝游会稽：事在始皇三十七年（前210年），见《秦始皇本纪》。始皇这次南游曾上会稽山，祭大禹。此所云『会稽』，是指会稽郡，非指会稽山。秦时会稽郡辖有今江苏东南部、浙江中部以北和安徽东南部。⑧浙江：即今钱塘江。⑨族：族灭，全族被处死，为最惨重的刑罚。⑩尺：秦、汉时一尺约等于今天零点八四尺。⑪扛：双手对举。⑫虽：句首语气词，相当于『唯』字。

【译文】

项籍小时候，学习认字写字，没有学成。放弃了学字，改学击剑，又没有学成。项梁很生气。项籍说：『字只不过用来记记姓名而已。剑也只能抵敌一人，不值得学，要学能抵抗万人的。』于是项梁就教项籍兵法，项籍非常高兴，粗略地知道了兵法大意，但又不肯认真学完。项梁曾因栎阳罪案受到牵连，就请蕲县狱掾曹咎写信给栎阳狱掾司马欣，因此事情得到了结。项梁杀了人，和项籍到吴中躲避仇家。吴中有才能的士大夫都比不上项梁。每当吴中有大规模的繇役和丧葬，项梁常常主持办理，暗中用兵法部署调度宾客和子弟，因此了解了每个人的能力。秦始皇帝巡游会稽，渡过浙江，项梁和项籍一同去观看。项籍说：『那个皇帝，我可以取而代之。』项梁捂住他的嘴，说：『不许胡说八道，当心全族要杀头啊！』项梁因此觉得项籍不同于一般人。项籍身高八尺有余，力能举鼎，才气过人，吴中子弟都已经敬畏他了。

【原文】

秦二世元年[1]七月，陈涉等起大泽[2]中。其九月，会稽守通[3]谓梁曰：『江西[4]皆反，此亦天亡秦之时也。吾闻先即制人，后则为人所制。吾欲发兵，使公及桓楚[5]将。』是时桓楚亡在泽中。梁曰：『桓楚亡，人莫知其处，独籍知之耳。』梁乃出，诫籍持剑居外待。梁复入，与守坐，曰：『请召籍，使受命召桓楚。』守曰：『诺。』梁召籍入。须臾，梁眴[6]籍曰：『可行矣[7]！』于是籍遂拔剑斩守头。项梁持守头，佩其印绶[8]。门下大惊，扰乱，籍所击杀数十百人[9]。一府中皆慑伏，莫敢起[10]。梁乃召故所知豪吏，谕以所为起大事，遂举吴中兵。使人收下县，得精兵八千人。梁部署吴中豪杰为校尉、候、司马[11]。有一人不得用，自言于梁。梁曰：『前时某丧使公主某事，不能办，以此不任用公。』众乃皆伏。于是梁为会稽守，籍为裨将⑫，徇⑬下县。

【注释】

①秦二世元年：为公元前209年。②大泽：蕲县所属的乡，故地在今安徽宿县东南刘村集。③守：《秦始皇本纪》载，始皇二十六年（前221年），『分天下以为三十六郡，郡置守、尉、监』。守为一郡的行政长官。汉景帝中元二年（前148年），郡守改名太守。通，即殷通。据《汉书·项籍传》，殷通当时为假守，即代理郡守。④江西：长江在今安徽省境一段流向略偏南北，所以古时这一带地有江东、江西之称。江西大约指今安徽北部和淮河下游一带。⑤桓楚：为吴中奇士。项籍杀死卿子冠军宋义后，曾派桓楚报告楚怀王。⑥眴：以目示意。⑦可行矣：语带双关，表面上是说可以去找桓楚，实际上是叫项籍动手杀死殷通。⑧印：古时官员都有印，是权力的象征。绶：系印纽的丝带。⑨数十百人：不定数之辞，或八九十人，或一百人。⑩慑伏，莫敢起：吓得伏在地上，不敢站起来。慑，恐惧，害怕。伏，与『服』字通。起，动。⑪校尉：地位次于将军的军官。候：军候，地位次于校尉。司马：军司马，地位次于军候，主管军中司法。⑫裨将：副将，偏将。地位次于主将，为主将的副手。⑬徇：兼有略地、示威、安抚等意义。

【译文】

秦二世元年七月，陈涉等人在大泽乡起义。这一年九月，会稽郡守殷通对项梁说：『江西都造反了，这也是上天灭亡秦朝的时候。我听说先发则能制人，后发则为人所制。我想发兵，派你和桓楚带领。』当时桓楚逃亡在湖泽之中。项梁说：『桓楚亡匿在外，人们不知道他的下落，只有项籍知道。』项梁走出来，吩咐项籍持剑在外面等候。项梁又走进去，与郡守一块儿坐着。项梁说：『请允许我叫项籍进来，让他接受命令召回桓楚。』郡守说：『好吧。』

项梁招呼项籍进来。不一会儿，项梁使眼色给项籍说：『可以行动了！』于是项籍拔出剑来砍掉了郡守的脑袋。项梁拿着郡守的脑袋，身上系着郡守的官印。郡守的侍从护卫大为惊慌，一片混乱，项籍杀死了百十来人。全府中的人都惶惧畏服，没有人敢动手反抗。项梁就召集昔日所熟悉的有胆识的府吏，把所要做的起兵反秦这件事情向大家讲清楚，于是征集吴中士卒起义。派人搜罗下属各县丁壮，得到精兵八千人。项梁安排吴中豪杰为校尉、候、司马。有一人没有得到任用，自己去向项梁申述。项梁说：『前些时候有一丧事，让你主办一件事，你不能办，因此不任用你。』于是大家都很佩服项梁。项梁为会稽郡守，项籍为裨将。镇抚下属县邑。

【原文】

广陵人召平于是为陈王徇广陵①，未能下。闻陈王败走，秦兵又且至，乃渡江矫陈王命，拜梁为楚王上柱国②。曰：『江东已定，急引兵西击秦。』项梁乃以八千人渡江而西。闻陈婴③已下东阳，使使欲与连和俱西。陈婴者，故东阳令史④，居县中，素信谨，称为长者。东阳少年杀其令⑤，相聚数千人，欲置长，无适⑥用，乃请陈婴。婴谢不能，遂强立婴为长，县中从者得二万人。少年欲立婴便⑦为王，异军苍头特起⑧。陈婴母谓婴曰：『自我为汝家妇，未尝闻汝先古之有贵者。今暴得大名，不祥。不如有所属，事成犹得封侯，事败易以亡，非世所指名也。』婴乃不敢为王。谓其军吏曰：『项氏世世将家，有名于楚。今欲举大事，将非其人，不可。我倚名族，亡秦必矣。』于是众从其言，以兵属项梁。项梁渡淮，黥布、蒲将军⑨亦以兵属焉。凡六七万人，军下邳⑩。

【注释】

①广陵：秦县名，在今江苏扬州市西北。陈王：即陈涉。②楚王：陈涉起义后，立为王，政权号张楚，所以陈

涉称楚王。上柱国：战国时期楚国官称，地位尊崇，相当于后世的相国。③陈婴：先属项梁，为楚柱国。项羽死后归汉，平定豫章、浙江，封堂邑侯，曾为楚元王刘交相。事见《高祖功臣侯者年表》。东阳：秦县名，在今安徽天长市西北。④令史：县令的属吏。⑤令：秦、汉制度，县设令、长，主管一县政务。民户多的县设令，民户少的县设长。⑥无适用：意谓没有可用的人。适：专主之辞。⑦便：就便，就即。⑧苍头：士卒用黑色头巾裹头，以与其他各路军队相区别。一说为当时对敢死部队的习称。特：独。⑨黥布：姓英名布，青年时受过脸上刺字的黥刑，故改姓黥。事详《史记》《汉书》本传。蒲将军：史书只载其姓，未载其名。从《项羽本纪》记载来看，蒲将军与黥布关系较为密切，早期同为项羽心腹。汉王元年（前206年），项羽在新安坑杀秦降卒二十余万，事先即与黥布、蒲将军谋划。自新安坑杀秦降卒后，《史记》《汉书》皆未再见蒲将军，可能不久死去。⑩下邳：秦县，在今江苏睢宁县西北。

【译文】

广陵人召平这时为陈王略地广陵，没有降服。听说陈王战败逃走，秦兵又将要到达，就渡江假托陈王的命令，拜项梁为楚王的上柱国。召平说：『江东已经平定，赶快引兵西进攻打秦军。』项梁就以八千人渡江向西进发。他听说陈婴已经攻下东阳，便派遣使者，想要与陈婴联合西进。陈婴这个人，原来是东阳令史，在县里一向诚实谨慎，人们称之为忠厚长者。东阳的青年杀死了他们的县令，聚合了几千人，想要选置一个首领，没有找到可用的人，就请陈婴来担任。陈婴推辞说不能胜任，大家就强行推立他做首领，县中随从的有二万人。青年们打算推举陈婴就便称王，士兵为了同其他各路军队相区别，头上裹以黑巾，表示异军突起。陈婴的母亲对陈婴说：『自从我做了你家的媳妇，未曾听说你的前辈有过高官贵爵。现在突然得到很大的名声，不是好兆头。不如有所归属，事情成功了，犹能得到封侯，事情失败了，也容易逃脱，因为不是社会上指名道姓的人。』因此陈婴不敢为王。对他的军吏说：『项家世代为将，有名于楚。现在想要干成大事，将帅不得其人不行。我们依附名门大族，一定能使秦朝灭亡。』于是大家听从他的话，把军队归属项梁。项梁渡过淮水，黥布、蒲将军也率军归附。项梁共有六七万人，驻扎在下邳。

【原文】

当是时，秦嘉已立景驹为楚王[①]，军彭城[②]东，欲距[③]项梁。项梁谓军吏曰：『陈王先首事，战不利，未闻所在。今秦嘉倍[④]陈王而立景驹，逆无道。』乃进兵击秦嘉。秦嘉军败走，追之至胡陵[⑤]。嘉还战一日，嘉死，军降。景驹走死梁地[⑥]。项梁已并秦嘉军，军胡陵，将引军而西。章邯军至栗[⑦]，项梁使别将朱鸡石、余樊君[⑧]与战。余樊君死。朱鸡石军败，亡走胡陵。项梁乃引兵入薛[⑨]，诛鸡石。项梁前使项羽别攻襄城[⑩]，襄城坚守不下。已拔，皆阬之。还报项梁。项梁闻陈王定死，召诸别将会薛计事。此时沛公亦起沛[⑪]，往焉。

【注释】

①秦嘉：据《汉书·陈胜传》，嘉为凌（今江苏泗阳县西北）人。景驹：景氏为战国时楚国大族之一，景驹即是景氏后裔，所以立为楚王。②彭城：秦县，在今江苏徐州市。③距：通『拒』。④倍：通『背』。⑤胡陵：秦县，在今山东鱼台县东南。⑥梁地：战国时魏国建都大梁（今河南开封市），所以魏也称梁。『梁地』即指魏国旧地，在今河南东部。⑦章邯：秦将，率军镇压陈涉，后为项羽所败，投降项羽，封雍王。楚、汉相争时，被刘邦打败自杀。栗：秦县，在今河南夏邑县。⑧别将：另外率领一支军队的将领。朱鸡石：符离（今安徽宿县东北）人，见《陈涉世家》。余樊君：《史记》中他篇未见，仅见于《项羽本纪》。姓名不详。⑨薛：秦县，在今山东藤县南。⑩襄城：

秦县，在今河南襄城县。⑪沛公：即汉高祖刘邦，初起于沛，为沛令，人称沛公。楚制，县令称『公』。沛：秦县，汉时属沛郡，故城在今江苏沛县。

【译文】

这时，秦嘉已立景驹为楚王，驻扎彭城东面，想要抵挡项梁。项梁对军吏说：『陈王首先起事，作战不利，不知道下落。现在秦嘉背叛陈王而立景驹，大逆不道。』项梁就进兵攻打秦嘉。秦嘉的军队败逃，项梁追到胡陵。秦嘉回军打了一天，秦嘉阵亡，士卒投降。景驹逃走，死在梁地。项梁已经合并了秦嘉的军队，驻扎在胡陵，将要引军西进。章邯的军队到达栗县，项梁派别将朱鸡石、余樊君和他交战。余樊君战死，朱鸡石军败，逃跑到胡陵。项梁便带兵进入薛县，杀了朱鸡石。项梁在这之前派项羽另率一军攻打襄城，襄城坚守不降。攻克以后，全部坑杀了守城军民，回来报告项梁。项梁听说陈王确实死了，召集各路将领会合到薛县商讨大事。这时沛公也起兵于沛，前往薛县。

【原文】

居鄛人范增[1]，年七十，素居家，好奇计，往说[2]项梁曰：『陈胜败固当。夫秦灭六国，楚最无罪。自怀王入秦不反[3]，楚人怜之至今，故楚南公曰「楚虽三户，亡秦必楚」[4]也。今陈胜首事，不立楚后而自立，其势不长。今君起江东，楚蜂午[5]之将皆争附君者，以君世世楚将，为能复立楚之后也。』于是项梁然其言，乃求楚怀王孙心民间，为人牧羊，立以为楚怀王[6]，从民所望也。陈婴为楚上柱国，封五县，与怀王都盱台[7]。项梁自号为武信君。

【注释】

①居鄛：也作『居巢』，秦县，在今安徽桐城南。范增：项梁、项羽的谋士，事迹主要见于本篇。②说：游说，

劝说。③怀王入秦不反：楚怀王熊槐二十八年（前347年），秦与齐、韩、魏攻楚，杀将军景缺，士卒死者二万。三十年，秦复伐楚，攻取八城。秦昭王致书楚怀王入秦结盟。楚怀王迫于形势赴秦，被秦昭王扣留，楚顷襄王熊横三年（前327年），死于秦。事见《楚世家》。反，通『返』。④楚南公：楚国的一位阴阳家。《汉书·艺文志》阴阳家类著录《南公》三十一篇，注云六国时人。三户：三户人家，极言其少。楚虽三户，亡秦必楚：预言秦亡于三户，义亦可通。⑤蜂午：交错如群蜂。午，纵横相交。⑥楚怀王：心与其祖同号，是利用民间对楚怀王熊槐的怀念，加强号召力，扩大影响。⑦盱台：即盱眙，秦县，在今江苏盱眙县东北。

【译文】

居鄛人范增，七十岁了，一向住在家里，喜欢奇策妙计。他去游说项梁说：『陈胜失败本来是应该的。秦灭六国，楚国最没有过错。自从楚怀王入秦不返，楚人至今还想念他。所以楚南公说「楚虽三户，亡秦必楚」。如今陈胜首先起事，没有立楚国的后裔而自立为王，他的局面不会长久。现在你起兵江东，楚地将领有如群蜂纵横，都争先恐后地归附你的缘故，是因为项家世代为楚将，能够再立楚国的后裔。』项梁认为他说的对，就在民间寻访到了楚怀王的孙子心，他在给人放羊，项梁立他为楚怀王，顺从人民的愿望。陈婴为楚上柱国，封地有五个县，和楚怀王一起，建都盱台。项梁自称为武信君。

【原文】

居数月，引兵攻亢父①，与齐田荣、司马龙且军救东阿②，大破秦军于东阿。田荣即引兵归，逐其王假③。假亡走楚。假相田角亡走赵。角弟田间故齐将，居赵不敢归。田荣立田儋子市④为齐王。项梁已破东阿下军，遂追秦军。数使使趣⑤齐兵，欲与俱西。田荣曰：『楚杀田假，赵杀田角、田间，乃发兵。』项梁曰：『田假为与国⑥之王，穷来从我，不忍杀之。』赵亦不杀田角、田间以市⑦于齐。齐遂不肯发兵助楚。项梁使沛公及项羽别攻城阳⑧，屠之。西破秦军濮阳⑨东，秦兵收入濮阳。沛公、项羽乃攻定陶⑩。定陶未下，去，西略地至雍丘⑪大破秦军，斩李由⑫。还攻外黄⑬，外黄未下。

【注释】

①亢父：秦县，在今山东济宁市南。②田荣：田儋从弟，齐国贵族后裔。其事主要载于本书《田儋列传》，又散见《项羽本纪》《高祖本纪》等篇。龙且：楚军骁将，后被韩信所杀。东阿：秦县，在今山东阳谷县东北阿城镇，东与今东阿县接壤。③假：田假。④市：与『市』字异。当时人们常用此字取名。⑤数：屡屡，频频。趣：通『促』，催促。⑥与国：相与交善、同祸共福之国。⑦市：贸易，买卖。⑧城阳：也作『成阳』，秦县，在今山东鄄城县东南。⑨濮阳：秦县，在今河南濮阳县西南。⑩定陶：秦县，在今山东定陶县西北。⑪雍丘：秦县，在今河南杞县。⑫李由：秦丞相李斯之子，当时为三川郡郡守。⑬外黄：秦县，在今河南民权县西北。

【译文】

过了几个月，项梁带兵攻打亢父，与齐田荣、司马龙且的军队一起援救东阿，在东阿大败秦军。田荣率军回到旧地，赶跑了齐王田假。田假逃到楚国。田假的相国田角逃到赵国。田角的弟弟田间原来是齐国的将领，留在赵国不敢回去。田荣立了田儋的儿子田市为齐王。项梁已经打垮了东阿方面的秦军，就（乘胜）追击。屡次派遣使者催促齐国军队，打算与它联兵西进。田荣说：『楚国杀了田假，赵国杀了田角、田间，我就出兵。』项梁说：『田假是楚国友好国家的国王，走投无路才来依附我，不忍心杀他。』赵国也不杀田角、田间作为与齐交换的条件。于是齐国不肯发兵帮助楚国。项梁派沛公和项羽另率一支军队攻打城阳，屠毁了县城。向西在濮阳东面击破了秦军，秦军收兵进入濮阳。沛公、项羽就攻打定陶。没有攻下定陶，率军离去，西进略地，到达雍丘，大破秦军，杀了李由。回军攻打外黄，没有攻下来。

【原文】

项梁起东阿，西，比①至定陶，再破秦军，项羽等又斩李由，益轻秦，有骄色。宋义②乃谏项梁曰：『战胜而将骄卒惰者败。今卒少惰矣③，秦兵日益，臣为君畏之。』项梁弗听。乃使宋义使于齐。道遇齐使者高陵君显④，曰：『公将见武信君乎？』曰：『然。』曰：『臣论武信君军必败。公徐行即免死，疾行则及祸。』秦果悉起兵益章邯，击楚军，大破之定陶，项梁死。沛公、项羽去外黄攻陈留⑤，陈留坚守不能下。沛公、项羽相与谋曰：『今项梁军破，士卒恐。』乃与吕臣⑥军俱引兵而东。吕臣军彭城东，项羽军彭城西，沛公军砀⑦。

【注释】

①比：比及，等到。②宋义：据荀悦《汉记》，为战国时楚令尹。事迹详本篇下文。③今卒少惰矣：实际上是楚军最高将领项梁骄傲轻敌，宋义委婉其词，说是士卒稍有懈惰。少，稍微。④高陵君显：名显，封高陵。据司马贞《索隐》引晋灼说，高陵属汉琅邪郡。《汉书·地理志》琅邪郡有高陵，曾为侯国，王莽时称蒲陆。今地已不能确考。⑤陈留：秦县，在今河南开封市东南陈留城。⑥吕臣：原为陈胜部将，统率苍头军。⑦砀：秦县，在今河南永城市东北。

【译文】

项梁自东阿出发，向西进军，等到达定陶，又一次打败秦军，项羽等又杀了李由，因此，项梁越来越轻视秦军，面有骄色。宋义就劝告项梁说：『打了胜仗而将领骄傲、士卒懈怠的就要失败。现在士卒稍有懈怠，秦兵日益增多，我替你担心。』项梁不听劝告。就派宋义出使齐国。路上遇到齐国使者高陵君显，问他：『你将要去见武信君吗？』回答说：『是的。』宋义说：『我断定武信君的军队一定失败。你慢走就可以免死，快走就要遭殃。』秦果然发动全部兵力增援章邯，攻打楚军，大破楚军于定陶，项梁战死。沛公、项羽离开外黄攻打陈留，陈留坚兵固守，不能攻下。沛公、项羽互相商量说：『如今项梁的军队垮了，士卒恐惧。』于是就领兵同吕臣的军队一起向东进发。吕臣驻扎在彭城东面，项羽驻扎在彭城西面，沛公驻扎在砀。

【原文】

章邯已破项梁军，则以为楚地兵不足忧，乃渡河击赵，大破之。当此时，赵歇①为王，陈余为将，张耳为相②，皆走入巨鹿③城。章邯令王离、涉间④围巨鹿，章邯军其南，筑甬道⑤而输之粟。陈余为将，将卒数万人而军巨鹿之北，此所谓河北之军也。

【注释】

①赵歇：战国时赵国贵族后裔。陈胜起义后，派武臣招抚赵国故地，武臣至邯郸，自立为赵王，不久被害，武臣的校尉陈余、张耳立赵歇为赵王。②陈余、张耳：二人皆大梁（今河南开封市西北）人，秦末参加陈胜起义军。事详《史记》《汉书》本传。③巨鹿：秦县，为巨鹿郡郡治，在今河北平乡县西南。④王离：秦名将王翦之孙，封

武城侯。涉间：秦将领，死于巨鹿之战。⑤甬道：两旁筑有墙垣的通道，以便运送粮食等物资，防止敌人劫击抄掠。

【译文】

章邯已经打垮了项梁的军队，以为楚地的敌人不用担心了，就渡过黄河攻打赵地，大破赵军。这个时候，赵歇为赵王，陈余为将，张耳为相，都跑进了巨鹿城。章邯命令王离、涉间围攻巨鹿，章邯驻扎在巨鹿南面，修筑甬道输送粮食。陈余作为将领，统率士卒数万人驻扎在巨鹿的北面，这就是所说的河北之军。

【原文】

楚兵已破于定陶，怀王恐，从盱台之彭城，并项羽、吕臣军自将之。以吕臣为司徒①，以其父吕青为令尹②。以沛公为砀郡长③，封为武安侯，将砀郡兵。

【注释】

①司徒：不是通常所说的六卿之一的司徒。当时楚怀王心所置官因袭战国时楚国旧制，此司徒当是楚官，主管后勤军需之类。②令尹：楚官，为执政首相。③长：相当于郡守。

【译文】

楚军在定陶打了败仗，楚怀王很恐惧，从盱台前往彭城，合并了项羽、吕臣的军队亲自统率。以吕臣为司徒，用他的父亲叶青为令尹。以沛公为砀郡长，封为武安侯，统率砀郡的军队。

【原文】

初，宋义所遇齐使者高陵君显在楚军，见楚王曰：『宋义论武信君之军必败，居数日，军果败。兵未战而先见败征，此可谓知兵矣。』王召宋义与计事而大说①之，因置以为上将军②，项羽为鲁公③，为次将④，范增为末将⑤，救赵。诸别将皆属宋义，号为卿子冠军⑥。

【注释】

①说：通『悦』。②上将军：地位最高的将领，相当于主帅。③鲁公：据《高祖本纪》，楚怀王以刘邦为砀郡长，封为武安侯时，就封项羽为长安侯，号为鲁公。④次将：地位仅次于上将军，相当于副帅。⑤末将：地位低于次将，高于统领一个方面军的别将，与后世偏裨将校自我谦称的末将有所区别。⑥卿子冠军：『卿子』犹言『公子』，时人尊敬之辞。宋义是上将军，地位为全军之冠，所以称为『卿子冠军』。

【译文】

以前宋义所遇到的齐国使者高陵君显还在楚国的军队里，他见到楚怀王说：『宋义断定武信君的军队一定失败，过了几天，他的军队果然失败了。军队没有开战而先看到了失败的征兆，这可说是懂得军事了。』楚怀王召见宋义，和他商量事情，大为高兴，因此委任为上将军，项羽为鲁公，担任次将，范增为末将，去援救赵国。各路别将都统属于宋义，宋义号为卿子冠军。

【原文】

行至安阳①，留四十六日不进。项羽曰：『吾闻秦军围赵王巨鹿，疾引兵渡河，楚击其外，赵应其内，破秦军必矣。』宋义曰：『不然。夫搏牛之虻不可以破虮虱②。今秦攻赵，战胜则兵罢③，我承其敝；不胜，则我引兵鼓行而西，必举秦矣。故不如先斗秦赵。夫被④坚执锐，义不如公；坐而运策，公不如义。』因下令军中曰：『猛如虎，很⑤如羊，贪如狼，强[6]不可使者，皆斩之。』乃遣其子宋襄相齐[7]，身送之至无盐[8]，饮酒高会。天寒大雨，士卒冻饥。项羽曰：『将戮力而攻秦，久留不行。今岁饥民贫，士卒食芋菽[9]，军无见[10]粮，乃饮酒高会，不引兵渡河因赵食，与赵并力攻秦，乃曰「承其敝」。夫以秦之强，攻新造之赵，其势必举赵。赵举而秦强，何敝之承！且国兵新破，王坐不安席，埽[11]境内而专属于将军，国家安危，在此一举。今不恤士卒而徇其私[12]，非社稷[13]之臣。』项羽晨朝上将军宋义，即其帐中斩宋义头，出令军中曰：『宋义与齐谋反楚，楚王阴令羽诛之。』当是时，诸将皆慑服，莫敢枝梧[14]。皆曰：『首立楚者，将军家也。今将军诛乱。』乃相与共立羽为假[15]上将军。使人追宋义子，及之齐，杀之。使桓楚报命于怀王。怀王因使项羽为上将军，当阳君[16]、蒲将军皆属项羽。

【注释】

①安阳：在今山东曹县东，并非地处今河南的安阳。②搏：搏击，打击。虻：牛虻。虮：虱子卵。搏牛之虻不可以破虮虱，说牛虻能够咬牛，但不能够伤害虱子，借以譬喻巨鹿城小而坚，秦兵虽然强大，却不能攻破。③罢：通『疲』。④被：通『披』。⑤很：通『狠』。羊生性好斗，所以说『很如羊』。⑥强：倔强。⑦相齐：意谓协助齐国，并非任齐国相。⑧无盐：战国齐邑，西汉置为县，在今山东东平县东南。⑨芋菽：有两种解释：（一）引徐广云：『「芋」，一作「半」。』是古本《史记》有作『半』者。《汉书·项籍传》亦作『半』。半，量器名，容半升。半菽，即半升菽。士卒食半升菽，不足饱腹。（二）『芋』，即芋头，又称芋艿，属于蔬菜类。菽，豆类。芋菽，意谓蔬菜。注者取第一说。⑩见：通『现』。⑪埽：与『扫』字同，尽括，一扫而尽。⑫恤：体恤，抚念。徇其私：营谋个人私利。这里确指宋义遣其子宋襄相齐事。⑬社：古代帝王和诸侯祭祀的土神。稷：古代帝王和诸侯祭祀的谷神。『社』

『稷』连言，用以代指国家。⑭枝梧：架屋的小柱为枝，斜柱为梧。引申有抵触、抗拒的意思。⑮假：代理，摄代。⑯当阳君：楚怀王心在位时黥布得到的封号。

【译文】

走到安阳，停留四十六天不前进。项羽说：『我听说秦军把赵王围在巨鹿，赶快带兵渡河，楚军从外面攻打，赵军在内响应，一定能打垮秦军。』宋义说：『不是的。咬牛的牛虻不能伤害虱子，现在秦军攻打赵军，打胜了则兵疲力尽，我们乘秦军疲惫（发动进攻）；打不胜，我们就率领军队鸣鼓西进，一定打垮秦军。所以不如先让秦、赵相斗。身披甲胄，手执利器，冲锋陷阵，宋义不如你；坐下来运筹划策，你不如宋义。』因此向军中下令说：『凶猛如虎，狠戾如羊，贪婪如狼，倔强不听指挥的人，一律斩首。』宋义又派遣他的儿子宋襄去辅助齐国，亲自送他到无盐，摆酒设筵，大会宾客。（当时，）天寒大雨，士卒冻饿交加。项羽说：『本来打算并力攻秦，却长期停留不进。现在年荒岁饥，人民贫困，士卒只吃半升豆子，（食不果腹，）军中没有存粮，宋义却还设酒宴，会宾客，不率领军队渡河就地取用赵国的粮食，而说什么「等待秦军疲惫」。以秦那样强大的兵力，进攻新建立的赵国，形势发展的结果必定是秦军打垮赵国的军队。赵国的军队被打垮了，而秦军更加强大，还有什么疲惫的机会可乘！而且楚军最近被打败，国王坐不安席，把国内的所有兵力都集中起来统属于上将军，国家安危，在此一举。如今不体恤士卒，而徇情营私，不是与国家同休共戚之臣。』项羽早晨参见上将军宋义，就在他的帐幕中割下了宋义的脑袋，出来发令军中说：『宋义和齐国阴谋反楚，楚王秘密命令我杀死他。』这时，将领们都恐惧屈服，没有敢抗拒的。都说：『创建楚国的，是将军一家。现在又是将军处死了叛乱的人。』将领们就共同推立项羽为假上将军。派人去追宋义的儿子，在齐国赶上了，杀死了他。项羽派桓楚向楚怀王报告。楚怀王就让项羽做上将军，当阳君、蒲将军都归项羽节制。

【原文】

项羽已杀卿子冠军，威震楚国，名闻诸侯。乃遣当阳君、蒲将军将卒二万渡河，救巨鹿。战少利，陈余复请兵。项羽乃悉引兵渡河，皆沉船，破釜甑①，烧庐舍，持三日粮，以示士卒必死，无一还心。于是至则围王离，与秦军遇，九战，绝其甬道，大破之，杀苏角②，虏王离。涉间不降楚，自烧杀。当是时，楚兵冠诸侯。诸侯军救巨鹿下者十余壁③，莫敢纵兵。及楚击秦，诸将皆从壁上观。楚战士无不一以当十，楚兵呼声动天，诸侯军无不人人惴④恐。于是已破秦军，项羽召见诸侯将，入辕门⑤，无不膝行而前，莫敢仰视。项羽由是始为诸侯上将军，诸侯皆属焉。

【注释】

①釜：饭锅。甑：蒸食物的瓦制炊具。②苏角：秦军将领。③下：此字《汉书·项籍传》无。壁：壁垒，营垒。④惴：忧惧。⑤辕门：古代军队扎营，出入处仰起两辆车子，使车辕相向为门，称作辕门。

【译文】

项羽已经杀了卿子冠军，威震楚国，名闻诸侯，他便派遣当阳君、蒲将军带领两万士卒渡河，援救巨鹿。战事稍有胜利，陈余又向项羽请求救兵。项羽就率领全军渡河，凿沉船只，砸破炊具，烧毁营舍，携带三天口粮，用以表示士卒拼死决战，没有一个有活着回来的打算。军队一到就围困了王离，与秦军遭遇，打了九仗，截断了秦军的甬道，大破秦军。杀了苏角，俘虏了王离。涉间不向楚军投降，自焚而死。在这大战之间，楚兵勇气百倍，冠于诸侯。诸侯军前来救赵，兵到巨鹿的，筑有十多个大营垒，但都不敢出兵。等到项羽兵攻击秦军的时候，诸侯将领都在营垒上观战。楚军战士无不以一当十，楚兵喊声震天，诸侯军人人胆战心惊。已经打垮了秦军，项羽召见各诸侯将领，他们进入辕门，无不膝行而前，不敢抬头仰视。项羽从此成为诸侯军的上将军，各路诸侯隶属于他。

【原文】

章邯军棘原[1]，项羽军漳南[2]，相持未战。秦军数却，二世使人让章邯。章邯恐，使长史欣[3]请事。至咸阳[4]，留司马门[5]三日，赵高不见，有不信之心。长史欣恐，还走其军，不敢出故道，赵高[6]果使人追之，不及。欣至军，报曰：『赵高用事于中，下无可为者。今战能胜，高必疾妒吾功；战不能胜，不免于死。愿将军孰计[7]之。』陈余亦遗章邯书曰：『白起[8]为秦将，南征鄢、郢[9]，北阬马服[10]，攻城略地，不可胜计，而竟赐死。蒙恬[11]为秦将，北逐戎人[12]，开榆中[13]地数千里，竟斩阳周。何者？功多，秦不能尽封，因以法诛之。今将军为秦将三岁矣，所亡失以十万数，而诸侯并起滋益多。彼赵高素谀[14]日久，今事急，亦恐二世诛之，故欲以法诛将军以塞责，使人更代将军以脱其祸。夫将军居外久，多内郤[15]，有功亦诛，无功亦诛。且天之亡秦，无愚智皆知之。今将军内不能直谏，外为亡国将，孤特独立而欲常存，岂不哀哉！将军何不还兵与诸侯为从[16]，约共攻秦，分王[17]其地，南面称孤[18]；此孰与身伏鈇质[19]，妻子为僇[20]乎？』章邯狐疑[21]，阴使候始成[22]使项羽，欲约。约未成，项羽使蒲将军日夜引兵度三户[23]，军漳南[24]，与秦战，再破之。项羽悉引兵击秦军汙水[25]上，大破之。

【注释】

①棘原：在巨鹿县南，即今河北平乡县南，确切地点不详。②漳南：漳水之南。漳水发源于秦上党郡西北，流经古巨鹿县南面、东面两侧，与棘原相去不远。③长史欣：即司马欣，当时是章邯部下长史。长史为诸史之长，协

助长官总揽政务。④咸阳：秦都，在今陕西咸阳市东北。⑤司马门：宫廷四面驻兵防守，各有司马主领武事，所以把有兵守卫的宫廷外门称作司马门。⑥赵高：秦宦者，始皇时为车府令。⑦孰：通『熟』。孰计，深思熟虑。⑧白起：郿（今陕西眉县东北）人，善用兵，秦昭王时封为武安君，率军攻战，凡取七十余城，声震天下，最后被赐死。⑨南征鄢、郢：此句一般人标点作『南征鄢郢』，认为鄢郢即指鄢。楚旧都郢，后徙鄢，所以鄢也称鄢郢，故地在今湖北宜城市东南。⑩马服：指赵括。赵括父赵奢为赵惠文王将，因有功赐号为马服君。赵奢死后，也以马服或马服子称赵括。⑪蒙恬：世代为秦将，秦始皇帝统一六国后，使蒙恬率兵三十万北逐匈奴，修筑长城，西起临洮（今甘肃岷县），东至辽东，绵延万余里。始皇帝死，胡亥、赵高囚禁蒙恬于阳周（今陕西子长县西北）。胡亥即皇帝位，遣使至阳周迫蒙恬自杀，蒙恬饮药身死。事详《蒙恬列传》。⑫戎人：指匈奴。⑬榆中：地域名，位于秦上郡北部，即今陕西东北部。⑭谀：谄媚，奉承，这里兼有蒙蔽的意思。⑮郤：与『隙』字同。间隙，裂痕。⑯从：与『纵』字通，合纵。与诸侯为从，是陈余劝章邯与反秦的各路诸侯相联合。⑰王：用作动词，称王。⑱南面：面向南而坐。古代天子、诸侯皆南面听政，所以用『南面』以喻君主或侯王。孤：天子或诸侯的自我谦称，意谓寡德。⑲孰与：表示比较抉择的虚辞。鈇：通『斧』。质：斩人的砧板。鈇质：泛指杀人的刑具。⑳僇：通『戮』，杀戮，诛杀。㉑狐疑：狐性多疑，所以『狐疑』用以形容遇事犹豫不决。㉒候：军候。始成：军候之名。㉓度：通『渡』。三户：漳水上津渡名，在今河武磁县西南。㉔军漳南：《汉书·项籍传》《资治通鉴》皆同。上云『项羽军漳南』，渡三户津后，当已军漳北。此句『南』字似应作『北』。㉕汙水：源出今河北武安县西太行山，流向东南，在临漳县西折东注入漳水，今已湮塞。

【译文】

章邯驻扎在棘原，项羽驻扎在漳水南岸，两军相持，没有交战。秦军多次退却，二世派人责让章邯。章邯恐惧，派长史司马欣去请示。到了咸阳，留在司马门三天，赵高不接见，有不信任之意。长史司马欣心里害怕，急忙逃回军中。（他怕有人来追杀，）没有敢走原路，赵高果然派人追赶他，没有追上。司马欣到了军中，向章邯报告说：『赵高居中用事，下面的人不可能有所作为。如今仗能打赢，赵高必定嫉妒我们的功劳；仗打不赢，免不了被处死。希望将军深思熟虑。』陈余也送给章邯一封信说：『白起为秦将，向南攻拔鄢、郢，向北坑杀马服，攻城略地，不可胜数，而最后竟然赐死。蒙恬为秦将，北逐匈奴，开辟榆中几千里的地域，最终竟然斩于阳周。为什么呢？功劳太多，秦不能按功行封，因此（罗织罪名），用法来杀死他们。现在将军为秦将三年了，所损失的士卒以十万计，而诸侯军同时并起，越来越多。那个赵高一向谄谀，为时已久，眼下形势危急，也怕二世杀他，所以打算用法杀死将军，借以推卸责任，另外派人替代将军，以此来摆脱祸患。将军在外时日已久，朝廷中很多人与你有隔阂，有功也是被杀，无功也是被杀。况且天要亡秦，无论是愚笨的人还是聪明的人全都知道。如今将军在内不能直言规谏，在外为即将灭亡的国家的将领，孑身孤立而想长期存在，岂不可哀！将军何不倒戈与各路诸侯联合，签订和约，共同攻秦，割地为王，南向而坐，称孤道寡；这同自己伏砧受戮，妻子被杀，哪个比较好一些呢？』章邯犹豫不决，暗中派军候始成到项羽营中，想要签署和约。和约没有商妥，项羽让蒲将军昼夜领兵渡过三户津，扎营漳水南岸，与秦军交战，又一次打败了秦军。项羽率领全军士卒在汙水上攻击秦军，把秦军打得大败。

【原文】

章邯使人见项羽，欲约。项羽召军吏谋曰：『粮少，欲听其约。』军吏皆曰：『善。』项羽乃与期洹水南殷虚[①]上。已盟，章邯见项羽而流涕，为言赵高。项羽乃立章邯为雍王[②]，置楚军中。使长史欣为上将军，将秦军为前行。

【注释】

①洹水：即安阳河，在今河南北境，源出林县隆虑山，东流经安阳市，到内黄县北注入卫河。洹殷虚：即殷墟，殷朝故都，在今河南安阳市西面的小屯村。②雍王：《高祖本纪》唐张守节《正义》认为是以雍县为名。雍县于春秋时是秦雍邑，秦德公都于此，至献公徙栎阳。雍邑故城在今陕西凤翔县南。

【译文】

章邯派人去见项羽，打算订立和约。项羽召集军吏商量说：『军中粮少，想允许他签订和约。』军吏都说：『好。』项羽就与章邯订期在洹水南岸殷墟相见。已经缔结了盟约，章邯见到项羽，涕泪交下，向项羽诉说赵高的种种行径。项羽就立章邯为雍王，安置在楚军营中。使长史司马欣为上将军，率领秦军为先行部队。

【原文】

到新安[①]。诸侯吏卒异时故繇使屯戍过秦中[②]，秦中吏卒遇之多无状[③]，及秦军降诸侯，诸侯吏卒乘胜多奴虏使之，轻折辱秦吏卒。秦吏卒多窃言曰：『章将军等诈吾属降诸侯，今能入关[④]破秦，大善；即不能，诸侯虏吾属而东，秦必尽诛吾父母妻子。』诸将微闻其计，以告项羽。项羽乃召黥布、蒲将军计曰：『秦吏卒尚众，其心不服，至关中[⑤]不听，事必危，不如击杀之，而独与章邯、长史欣、都尉翳[⑥]入秦。』于是楚军夜击阬秦卒二十余万人新安城南。

【注释】

①新安：秦县，在今河南渑池县东。②繇使：服繇役。屯：屯守，驻扎。戍：戍卫边地。秦中：泛指秦国故地。③无状：没有好样子，含有欺压凌辱之义。④关：指函谷关，在今河南灵宝市东北。⑤关中：函谷关以西，散关以东。秦统一六国以前，长期占据关中地域，因此常以关中泛称秦地。⑥都尉：秦于郡置尉，协助郡守掌管军事，都尉的地位当与郡尉大略相同。翳即董翳，后来被项羽封为塞王。

【译文】

到达了新安。诸侯军的官兵以前曾因服徭役、屯戍边地路过秦中，秦中官兵对他们多有凌辱。等到秦军投降了诸侯军，诸侯军的官兵乘战争胜利的机会，像对待奴隶和俘虏一样地驱使他们，随便折磨侮辱秦军官兵。秦军官兵多在私下议论说：『章将军等欺骗我们投降诸侯军。如今能够入关破秦，（当然）很好；如果不能，诸侯军俘虏我们东去，秦势必把我们的父母妻子全部处死。』诸侯军的将领们暗中听到了他们的打算，报告了项羽。项羽就找来黥布、蒲将军商量说：『秦军官兵还很多，他们心里不服，到了关中不听从命令，事情必然岌岌可危，不如杀掉他们，而只与章邯、长史司马欣、都尉董翳一起入秦。』于是楚军夜间把秦军士卒二十多万人处死掩埋在新安城南。

【原文】

行略定秦地。函谷关有兵守关①，不得入。又闻沛公已破咸阳②，项羽大怒，使当阳君等击关。项羽遂入，至于戏③西。沛公军霸上④，未得与项羽相见。沛公左司马⑤曹无伤使人言于项羽曰：『沛公欲王关中，使子婴⑥为相，珍宝尽有之。』项羽大怒，曰：『旦日飨士卒，为击破沛公军！』当是时，项羽兵四十万，在新丰鸿门⑦；沛公兵十万，在霸上。范增说项羽曰：『沛公居山东[8]时，贪于财货，好美姬。今入关，财物无所取，妇女无所幸，此其志不在小。吾令人望其气[9]，皆为龙虎，成五采，此天子气也。急击勿失。』

【注释】

①有兵守关：当时守关的已不是秦士卒，而是刘邦的军队。②破：攻破，攻陷。③戏：戏水，源出骊山，流入渭水，在今陕西临潼区东。④霸上：又作『灞上』，地处霸水西面的高原上，故名。在今陕西西安市东，接蓝田县界，为古代军事要地。⑤左司马：司马为武官，掌管军政，有时分置左、右。刘邦军中既然有左司马，也当有右司马。⑥子婴：《李斯列传》说是秦始皇之弟，《秦始皇本纪》说是二世之兄子。据《秦始皇本纪》记载，子婴为秦王后，和他的两个儿子谋杀赵高，可见子婴的儿子已是成年人。按年辈推算，秦始皇死后三年不可能有已经成年的孙辈。《李斯列传》所说较为可信。⑦新丰：秦骊邑，汉高祖十年（前197年），置以为县，改名新丰，故地在今陕西临潼区东北。鸿门：在今陕西临潼区东北，现今当地人称项王营。⑧山东：秦、汉时指崤山或华山以东，与关东所指地域略同。⑨望其气：秦、汉方士诡称观察云气的形状、色彩等可以测知人事上的吉凶，人们也多信以为真，所以范增令人觇望刘邦所在上空的云气。

【译文】

项羽将要攻取秦关中地带。函谷关有兵把守，不能进去。又听说沛公已经攻破咸阳，项羽大怒，派当阳君等扣关。项羽便进入了函谷关，到达戏水西岸。沛公驻军霸上，没有能够和项羽相见。沛公左司马曹无伤派人对项羽说：『沛公想称王关中，使子婴为相，占有了全部珍宝。』项羽怒气冲天地说：『明天早晨饱餐士卒，将击溃沛公的军队！』

这时，项羽有兵四十万，驻扎在新丰鸿门，沛公有兵十万，驻扎在霸上。范增劝告项羽说：『沛公在山东时，贪财好货，喜爱美女。现在进了关，不收财物，不亲近妇女，由此看来，他的志向不小。我叫人观望他上空的云气，都呈龙虎形状，五颜六色，这是天子之气。赶快进击，不要失掉机会。』

【原文】

楚左尹项伯[1]者，项羽季父也，素善留侯张良[2]。张良是时从沛公，项伯乃夜驰之沛公军，私见张良，具告以事，欲呼张良与俱去。曰：『毋从俱死也。』张良曰：『臣为韩王送沛公[3]，沛公今事有急，亡去不义，不可不语。』良乃入，具告沛公。沛公大惊，曰：『为之奈何？』张良曰：『谁为大王为此计者？』曰：『鲰生说我曰「距关[4]，毋内[5]诸侯，秦地可尽王也」。故听之。』良曰：『料大王士卒足以当项王乎？』沛公默然，曰：『固不如也，且为之奈何？』张良曰：『请往谓项伯，言沛公不敢背项王也。』沛公曰：『君安与项伯有故？』张良曰：『秦时[6]与臣游，项伯杀人，臣活之。今事有急，故幸来告良。』沛公曰：『孰与君少长？』良曰：『长于臣。』沛公曰：『君为我呼入，吾得兄事之。』张良出，要[7]项伯。项伯即入见沛公。沛公奉卮酒为寿[8]，约为婚姻，曰：『吾入关[9]，秋豪[10]不敢有所近，籍[11]吏民，封府库，而待将军。所以遣将守关者，备他盗之出入与非常也。日夜望将军[12]至，岂敢反乎！愿伯具言臣之不敢倍[13]德也。』项伯许诺。谓沛公曰：『旦日不可不蚤自来谢[14]项王。』沛公曰：『诺。』于是项伯复夜去，至军中，具以沛公言报项王。因言曰：『沛公不先破关中，公岂敢入乎？今人有大功而击之，不义也，不如因善遇之。』项王许诺。

【注释】

①左尹：即左令尹。楚国官制有时令尹分置左、右。项伯：名缠，字伯，入汉后封射阳侯，赐姓刘。②张良：

字子房，刘邦的谋臣，以功封留侯，事详本书《留侯世家》《汉书·张良传》。留为秦县，故地在今江苏沛县东南。③臣为韩王送沛公：张良曾劝项梁立韩公子成为韩王，自己为申徒（即司徒，地位等同国相）。刘邦引兵从洛阳南出，张良率兵相随。刘邦便让韩王成留守阳翟，与张良一起进入武关，攻打秦关中地，所以张良有『为韩王送沛公』语。④鲰：是一种杂小鱼。鲰生：短小愚陋的人，是骂人之词，犹今言『小子』。距：与『拒』字通。⑤内：通『纳』。⑥秦时：指秦统一全国以前。⑦要：邀请。⑧卮：酒器。为寿：上寿，即敬酒祝颂富贵长寿。⑨关：指武关，在今陕西丹凤县东南，刘邦是从武关进入关中的。下『遣将守关』之『关』，是指函谷关。⑩秋豪：秋天兽类新长出的细毫毛，用来譬喻细微之物。此『豪』亦作『毫』。⑪籍：登记户口的簿籍。这里用作动词，造籍登记的意思。⑫将军：指项羽。⑬倍：通『背』。倍德：背叛恩德，忘恩负义。⑭蚤：与『早』字通。谢：道歉。

【译文】

楚国左尹项伯这个人，是项羽的叔父，一向和留侯张良相友好。张良这时跟随着沛公，项伯就夜间骑马跑到沛公军营，私下见到张良，讲述了事情的经过，打算叫张良和他一起离去。他说：『不要跟他们一起死掉。』张良说：『我为韩王护送沛公，现在沛公的事情发生了危急，逃走是不道义的，不能不说一声。』张良就走了进去，把情况全部告诉了沛公。沛公大吃一惊，说：『怎么办呢？』张良说：『谁给大王出的这个主意？』沛公说：『一个小子劝我说「守住函谷关，不要让诸侯军进来，秦地可以全部占为己有，在这里称王」。我听信了他的话。』张良说：『估计大王的军力足以抵挡项王吗？』沛公默然不语，（过了一会）说：『军力当然不如项羽，又该怎么办呢？』张良说：『请让我去告诉项伯，说沛公不敢背叛项王。』沛公说：『你怎么与项伯有交情？』张良说：『秦未灭六国时，项伯和我交游，他杀了人，我救了他。现在事有危急，幸亏他来告诉我。』沛公说：『项伯与你相比，谁年纪大？谁年纪小？』张良说：『他比我大。』沛公说：『你替我叫他进来，我要对他兄长相待。』张良走出来，邀请项伯。项伯就进去见沛公。沛公向项伯举杯敬酒，约为儿女亲家。沛公说：『我入了关，丝毫利益不敢有所接近，造册登记吏民，封存府库，等待将军。所以遣将守关，是为了防备别的盗贼出入和意外事件。我日日夜夜盼望将军到来，哪里敢反叛！请伯兄向将军详细说明我是不敢忘恩负义的。』项伯答应了。对沛公说：『明天早晨不可不早来向项王道歉。』沛公说：『是的。』于是项伯又当夜离去，回到军中，把沛公的话原原本本报告了项王。随即向项羽说：『沛公不先攻破关中，你难道敢进来吗？如今人家立有大功而去攻打他，是不道义的，不如借他来请罪的机会好好对待他。』项王答应了。

【原文】

沛公旦日从百余骑来见项王，至鸿门，谢曰：『臣与将军戮力而攻秦，将军战河北，臣战河南[1]，然不自意能先入关破秦，得复见将军于此。今者有小人之言，令将军与臣有郤。』项王曰：『此沛公左司马曹无伤言之；不然，籍何以至此。』项王即日因留沛公与饮。项王、项伯东向坐[2]，亚父[3]南向坐。亚父者，范增也。沛公北向坐，张良西向侍。范增数目项王，举所佩玉玦[4]以示之者三，项王默然不应。范增起，出召项庄[5]，谓曰：『君王为人不忍，若[6]入前为寿，寿毕，请以剑舞，因击沛公于坐，杀之。不者，若属皆且为所虏。』庄则入为寿。寿毕，曰：『君王与沛公饮，军中无以为乐，请以剑舞。』项王曰：『诺。』项庄拔剑起舞，项伯亦拔剑起舞，常以身翼蔽[7]沛公，庄不得击。于是张良至军门，见樊哙[8]。樊哙曰：『今日之事何如？』良曰：『甚急。今者项庄拔剑舞，其意常在沛公也。」哙曰：「此迫矣，臣请入，与之同命。」哙即带剑拥盾入军门。交戟之卫士欲止不内，樊哙侧其盾以撞，卫士仆地，哙遂入，披帷西向立，瞋目[9]视项王，头发上指，目眦[10]尽裂。项王按剑而跽[11]曰：「客何为者？」张良曰：「沛公之参乘[12]樊哙者也。」项王曰：「壮士！赐之卮酒。」则与斗卮酒。哙拜谢，起，立而饮之。项王曰：「赐之彘肩[13]。」则与一生彘肩。樊哙覆其盾于地，加彘肩上，拔剑切而啖[14]之。项王曰：「壮士！能复饮乎？」樊哙曰：「臣死且不避，卮酒安足辞！夫秦[15]王有虎狼之心，杀人如不能举，刑人如恐不胜，天下皆叛之。怀王与诸将约曰『先破秦入咸阳者王之』。今沛公先破秦入咸阳，豪毛不敢有所近，封闭宫室，还军霸上，以待大王来。故遣将守关者，备他盗出入与非常也。劳苦而功高如此，未有封侯之赏，而听细说，欲诛有功之人。此亡秦之续耳，窃为大王不取也。」项王未有以应，曰：「坐。」樊哙从良坐。坐须臾，沛公起如厕，因招樊哙出。

【注释】

①河南：与「河北」一样都是泛称。当时项羽与秦军在黄河以北交战，取道函谷关进入关中。刘邦与秦军在黄河以南的南阳郡内交战，从武关进入关中。②东向坐：面朝东坐。古人堂上面朝南坐为尊，无面朝南坐者，则以面朝东坐者为尊。③亚父：项羽对范增的尊称，意谓仅次于父亲，与齐桓公称管仲为仲父取意相同。④玉玦：半环形的玉器。玦：与「决」同音。⑤项庄：项羽堂弟。⑥若：汝，你。下文「若属」，即汝辈，你们。⑦翼蔽：像鸟用翅膀一样的遮蔽着。⑧樊哙：沛人，屠狗出身，一直跟随刘邦转战各地，勇武善战。汉统一全国后，以功封舞阳侯，曾为左丞相。孝惠帝六年（前189年）卒。《史记》《汉书》并有传。⑨瞋目：发怒时睁大眼睛。⑩眦：眼眶。⑪跽：长跪。古人席地而坐，坐时两膝着地，臀部贴在脚跟上。要起身，先长跪，伸直腰股。⑫参乘：即「骖乘」，在车

右陪乘，负责警卫的人。古代乘车之法，尊者居左，御者居中，骖乘居右。⑬彘肩：猪蹄带肩胛，即整只猪腿。彘，猪。⑭啖：吃。⑮秦：指秦国故地，即关中。下句『秦』也应如此理解。

【译文】

次日早晨，沛公带着一百多名骑兵来见项王，到了鸿门，向项羽谢罪说：『我和将军并力攻秦，将军在河北作战，我在河南作战，然而我自己也没有想到先入关攻破秦地，能在这里又见到将军。现在有小人之言，使将军和我有了隔阂。』项王说：『这是你沛公左司马曹无伤说的，不然，我何至于如此。』项王当天就留沛公一同饮酒。项王、项伯面朝东坐，亚父面朝南坐。亚父就是范增。沛公面朝北坐，张良面朝西陪坐。范增向项王多次使眼色，再三举起佩带的玉玦向项王示意，项王默然不应。范增起身出去找来项庄，对他说：『君王为人不狠，你进去上前祝酒，祝酒完了，请求舞剑，乘机在座上袭击沛公，杀死他。不然的话，你们这些人都将被他俘虏。』项庄便进去祝酒。祝酒完了说：『君王和沛公饮酒，军中没有什么可供娱乐的，请允许我舞剑助乐。』项王说：『好吧。』项庄拔剑起舞。项伯也拔剑起舞，常常用身体掩蔽沛公，项庄得不到刺杀机会。这时张良来到军门，看见了樊哙。樊哙说：『今天的事情怎么样了？』张良说：『极为危急。此刻项庄正在舞剑，他的用意时时在沛公身上。』樊哙说：『这可紧急了，请让我进去，与沛公同生共死。』樊哙立即带着剑，手拥盾牌，进入军门。交戟守门的卫士打算阻拦，不让他进去，樊哙侧过他的盾牌撞击，卫士倒在地上，樊哙就进入了大帐，揭开帷帐，向西而立，圆睁怒目，看着项王，头发上指，眼眶破裂。项王按剑长跪说：『来客是干什么的？』张良说：『这是沛公的参乘樊哙。』项王说：『壮士！赏赐他一杯酒。』左右就给他一大杯酒。樊哙拜谢后起来，站着一饮而尽。项王说：『赏给他猪腿。』左右就给一只生猪腿。

樊哙覆盾于地，把猪腿放在盾上，拔出剑来切肉吃。项王说：『壮士！能再喝酒吗？』樊哙说：『我死都不怕，一杯酒哪里值得推辞！秦王有虎狼之心，杀人唯恐杀不尽，用刑唯恐刑不重，天下人都反叛他。楚怀王和将领们约定说「先攻破秦地进入咸阳的做关中王」。现在沛公先攻破了秦地进入咸阳，丝毫利益不敢有所接近，封闭宫室，回军霸上，等待大王到来。所以遣将守关，是为了防备别的盗贼和意外事件。如此劳苦功高，没有得到封侯的赏赐，而听信闲言细语，要杀有功的人。这是继承了已经灭亡的秦朝的道路，以我私见，大王这样做是不可取的。』项王无辞以对，只说：『坐。』樊哙在张良旁边坐下来。坐了不一会儿，沛公起来上厕所，乘机招呼樊哙出来。

【原文】

沛公已出，项王使都尉陈平[1]召沛公。沛公曰：『今者出，未辞也，为之奈何？』樊哙曰：『大行不顾细谨，大礼不辞小让。如今人方为刀俎[2]，我为鱼肉，何辞为。』于是遂去。乃令张良留谢。良问曰：『大王来何操？』曰：『我持白璧一双，欲献项王，玉斗[3]一双，欲与亚父，会其怒，不敢献。公为我献之。』张良曰：『谨诺。』当是时，项王军在鸿门下，沛公军在霸上，相去四十里。沛公则置车骑，脱身独骑，与樊哙、夏侯婴、靳彊、纪信[4]等四人持剑盾步走，从郦山[5]下，道芷阳间行[6]。沛公谓张良曰：『从此道至吾军，不过二十里耳。度[7]我至军中，公乃入。』沛公已去，间至军中，张良入谢，曰：『沛公不胜桮杓[8]，不能辞。谨使臣良奉白璧一双，再拜献大王足下[9]；玉斗一双，再拜奉大将军足下。』项王曰：『沛公安在？』良曰：『闻大王有意督过之，脱身独去，已至军矣。』项王则受璧，置之坐上。亚父受玉斗，置之地，拔剑撞而破之，曰：『唉！竖子[10]不足与谋。夺项王天下者，必沛公也，吾属今为之虏矣。』沛公至军，立诛杀曹无伤。

【注释】

①陈平：阳武（今河南原阳县东南）人。最初在项羽部下，殷王司马卬反楚，陈平率兵击降，以功拜都尉。后逃归刘邦，成为刘邦的重要谋士，数出奇计，辅佐刘邦统一天下，封户牖侯、曲逆侯。惠帝时曾为左丞相，吕后时为右丞相，文帝时为左丞相。卒于文帝二年（前178年）。事详本书《陈丞相世家》《汉书·陈平传》。②俎：割肉用的砧板。③玉斗：玉制的酒器。④夏侯婴：姓夏侯，名婴。随从刘邦起沛，长期为太仆。刘邦为帝后，以功封汝阴侯。卒于文帝八年（前172年）。因早年随刘邦击秦时，曾为滕（今山东滕县西南）令，给刘邦驾车，所以号滕公。事详《史记》《汉书》本传。靳彊：刘邦的将领，曾为中尉，后封汾阳侯。纪信：刘邦的将领，事见本篇下文。⑤郦山：即骊山，在今陕西临潼区东南。其东北为鸿门，其南为霸上。⑥芷阳：秦县，在今陕西西安市东北。间：乘间。间行：抄小路行走。⑦度：揣度，估计。⑧桮：与『杯』字同。桮杓：饮酒的杯子和舀酒的勺子，这里代指酒。不胜桮杓：意谓禁受不住酒力，已经醉了。⑨足下：对对方的敬辞。当时对上和同辈都可以称之，犹言『左右』。⑩竖子：鄙贱之称，犹今言『小子』。

【译文】

沛公出去后，项王派都尉陈平去叫沛公回来。沛公（对樊哙）说：『我们现在出去，没有辞行，怎么办呢？』樊哙说：『做大事不顾忌细枝节，行大礼不讲究小谦让。如今人家为刀俎，我们为鱼肉，还辞别什么！』于是就不辞而去。（临走时，）叫张良留下道谢。张良问：『大王来时带了什么？』沛公说：『我带来一双白璧，想献给项王，一双玉斗，想送给亚父，正碰上他们生气，不敢进献。你替我献给他们。』张良说：『遵命。』当时，项王的军队在鸿门，沛公的军队在霸上，相去四十里。沛公丢下车骑，一人骑马脱身而去，樊哙、夏侯婴、靳彊、纪信等四人握剑持盾步行，从郦山下取道芷阳，抄行小路。沛公对张良说：『从这条路到我们军营，不过二十里而已。估计我到了军中，你再进去。』沛公走后，张良估计抄小路已经到达军中，就进去道谢说：『沛公禁受不了杯盏，不能亲自来辞行。谨使张良奉上白璧一双，拜献大王；玉斗一双，拜送大将军。』项王说：『沛公在哪里？』张良说：『听说大王有意责备他，独自脱身而去，已经回到军中了。』项王接过玉璧，放在座席上。亚父接过玉斗，放在地上，拔剑一击而碎，说：『唉！这小子不足以共谋大事。夺取项王天下的，一定是沛公，我们这些人就要被他俘虏了。』沛公回到军中，立刻杀了曹无伤。

【原文】

居数日，项羽引兵西屠咸阳，杀秦降王子婴，烧秦宫室，火三月不灭；收其货宝妇女而东。人或说项王①曰：『关中阻山河四塞②，地肥饶，可都以霸。』项王见秦宫室皆以烧残破，又心怀思欲东归，曰：『富贵不归故乡，如衣绣夜行，谁知之者！』说者曰：『人言楚人沐猴③而冠耳，果然。』项王闻之，烹说者。

【注释】

①人或说项王：据《汉书·项籍传》，劝说项王的人是韩生。扬雄《法言·重黎篇》云：『蔡生欲安项咸阳，不享之。』劝说项王的，此又记为蔡生。②四塞：指东面函谷关，南面武关，西面散关（在今陕西宝鸡市西南），北面萧关（在今宁夏原州区东南）。③沐猴而冠：沐猴，猕猴。猕猴性情好动多变，身着衣冠不能长久，这里用以譬喻楚人性格轻浮急躁，难成大事。

【译文】

过了几天，项羽带兵西进，屠毁咸阳，杀死了秦朝已经投降的国王子婴，焚烧秦朝宫室，大火三个月不灭；搜罗了秦朝的财宝和妇女，率军东去。有人劝项王说：『关中阻山带河，四面关塞，土地肥饶，可在这里建都，以定霸业。』项王看见秦朝宫室都已烧毁，残破不堪，又怀念故乡，心欲东归，就说：『富贵了不回故乡，如同衣绣夜行，有谁能知道！』劝项王的人说：『人们说楚国人是猕猴戴帽子，果然如此。』项王听到了这话，烹杀了劝说他的那个人。

【原文】

项王使人致命怀王。怀王曰：『如约。』乃尊怀王为义[1]帝。项王欲自王，先王诸将相。谓曰：『天下初发难时，假[2]立诸侯后以伐秦。然身被坚执锐首事，暴[3]露于野三年，灭秦定天下者，皆将相诸君与籍之力也。义帝虽[4]无功，故当分其地而王之。』诸将皆曰：『善。』乃分天下，立诸将为侯王。

【注释】

①义帝：意谓假皇帝。义，假。②假：姑且，暂且。③暴：通『曝』。④虽：义与『唯』同。

【译文】

项王派人向楚怀王报告请示。楚怀王说：『按照约定办。』项羽就尊楚怀王为义帝。项王想自己称王，就先封诸侯将相为王。对他们说：『天下最初发难的时候，暂时拥立诸侯后裔为王，以便讨伐秦朝。然而亲自身穿铠甲，手执兵器，率先起义，三年来风餐露宿，消灭秦朝，平定天下的，都是各位将相和我项籍的力量。只有义帝没有功劳，本来应该瓜分他的土地，封大家为王。』将领们都说：『好。』项王就分割天下，封将领们为侯王。

【原文】

项王、范增疑沛公之有天下，业已讲解，又恶负约，恐诸侯叛之，乃阴谋曰：『巴、蜀[1]道险，秦之迁人皆居蜀。』

乃曰：『巴、蜀亦关中地②也。』故立沛公为汉王，王巴、蜀、汉中③，都南郑。而三分关中，王秦降将以距塞汉王。

【注释】

①巴、蜀：都是秦郡。巴郡辖境在今四川东部，治所在江州（今四川重庆市北嘉陵江北岸）。蜀郡辖境在今四川中部，治所在成都（今四川成都市）。巴、蜀二郡僻远闭塞，地势险阻，秦常流放罪人于此。②巴、蜀亦关中地：巴、蜀地处函谷关以西，自战国时即为秦地，所以项羽等人有此强词之语。③汉中：秦郡，辖境在今陕西秦岭以南和湖北西北部，郡治在南郑（今陕西南郑县）。

【译文】

项王、范增疑心沛公将来占有天下，（不想让他称王关中，）但既已和解，又怕违背原约，诸侯反叛，他们就暗中商量说：『巴、蜀道路险恶，秦朝被迁徙的罪人都居住蜀地。』于是就（扬言）说：『巴、蜀也是关中地区。』所以封沛公为汉王，称王于巴、蜀、汉中，建都南郑。而把关中分为三部分，封给秦朝降将为王，阻挡汉王（防止他将来向东方出兵）。

【原文】

项王乃立章邯为雍王，王咸阳以西，都废丘①。长史欣者，故为栎阳狱掾，尝有德于项梁；都尉董翳者，本劝章邯降楚。故立司马欣为塞王②，王咸阳以东至河，都栎阳；立董翳为翟王③，王上郡④，都高奴⑤。徙魏王豹⑥为西魏王，王河东⑦，都平阳⑧。瑕丘申阳⑨者，张耳嬖臣⑩也，先下河南郡⑪，迎楚河上，故立申阳为河南王，都雒阳⑫。韩王成因故都⑬，都阳翟。赵将司马卬定河内⑭，数有功，故立卬为殷王⑮，王河内，都朝歌⑯。徙赵王歇为代王⑰。赵相张耳素贤，又从入关，故立耳为常山王[18]，王赵地，都襄国[19]。当阳君黥布为楚将，常冠军，故立布为九江王[20]，都六[21]。鄱君吴芮率百越[22]佐诸侯，又从入关，故立芮为衡山王[23]，都邾[24]。义帝柱国共敖将兵击南郡[25]，功多，因立敖为临江王[26]，都江陵[27]。徙燕王韩广为辽东王[28]。燕将臧荼[29]从楚救赵，因从入关，故立荼为燕王，都蓟[30]。徙齐王田市为胶东王[31]。齐将田都从共救赵，因从入关，故立都为齐王，都临菑[32]。故秦所灭齐王建[33]孙田安，项羽方渡河救赵，田安下济北[34]数城，引其兵降项羽，故立安为济北王，都博阳[35]。田荣者，数负项梁，又不肯将兵从楚击秦，以故不封。成安君[36]陈余弃将印去，不从入关，然素闻其贤，有功于赵，闻其在南皮[37]，故因环封三县。番君将梅鋗功多，故封十万户侯。项王自立为西楚霸王[38]，王九郡[39]，都彭城。

【注释】

①废丘：秦县，在今陕西兴平市东南。②塞王：司马欣封地内有大河、华山为阨塞，故名。③翟王：董翳封地春秋时是白翟之地，故取以为号。④上郡：秦郡，辖境在今陕西北部和内蒙古自治区黄河河套以南一带。郡治肤施（在今陕西榆林县东南）。⑤高奴：秦县，在今陕西延安市东北。⑥魏王豹：魏公子宁陵君咎之弟。陈胜攻占魏地，立咎为魏王，后咎被秦章邯打败自杀。豹又再起，收复魏地，继立为魏王。项羽分封诸侯，自己想兼有楚、魏之地，于是徙封豹为西魏王，引起魏豹的不满，终于背楚降汉。事详《史记》《汉书》本传。⑦河东：秦郡，辖境在今山西西南部黄河以东。郡治安邑在今山西夏县西北。⑧平阳：秦县，在今山西临汾市西南。⑨瑕丘：秦县，在今山东兖州市东北。申阳：张耳宠臣，曾为项羽将领，汉高祖二年（前205年）投降刘邦。⑩嬖：宠爱，亲狎。嬖臣：宠幸之臣。⑪先下河南郡：清梁玉绳《史记志疑》卷六认为『郡』字是衍文，《汉书·项籍传》无此字。河南郡秦时

为三川郡，刘邦统一全国后改名河南郡，辖有今河南西北大部。⑫雒阳：即洛阳，为三川郡治所，在今河南洛阳市东北。⑬故都：指阳翟，战国时为韩国都城，秦置县，在今河南禹县。⑭司马卬：姓司马，名卬。卬：同『昂』。河内：黄河以北地区的统称。古代帝王多定都在河东、河北，所以称河北为河内，河南为河外。此指今河南黄河以北，地域大体相当于楚、汉之际设置的河内郡。⑮殷王：司马卬所封河内为殷商故地，故名。⑯朝歌：曾为商代帝乙、帝辛别都，汉置为县，故地在今河南淇县。⑰代王：秦有代郡，战国时为赵地，地域在今山西北部、河北西北部一带。项羽徙封赵王歇于代，而把赵的主要地区封给张耳。赵王歇徙代后，都代县，即今河北蔚县东北。⑱常山王：辖境在河北中部、山西东部和中部，战国时为赵地。⑲襄国：即秦信都县，项羽改称襄国，故城在今河北邢台市。⑳九江王：九江本为秦郡，辖境在今江西和江苏、安徽两省长江以北、淮水以南一带。郡治寿春，在今安徽寿县。黥布所封不包括今江苏地，这一地区已划归西楚。㉑六：秦县，在今安徽六安市北。㉒鄱君：也作『番君』，吴芮曾为秦鄱阳（今江西鄱阳县）令，故号鄱君。百越：春秋时越国的遗族，散处长江中下游以南广大地区。㉓衡山王：辖境在今湖北东部、湖南全部和安徽西部。境内有衡山，因以为国名。㉔邾：在今湖北黄冈市西北。㉕柱国：即上柱国。南郡：秦郡，辖有今襄樊市以南的湖北地区和四川巫山以东地区。㉖临江王：所辖地域相当于南郡。㉗江陵：秦县，在今湖北江陵县。㉘韩广：原为秦上谷郡卒史，陈胜部将武臣到邯郸自立为赵王，遣韩广带兵攻取燕地，韩广便自立为燕王，见《陈涉世家》。辽东王：辽东本秦郡，故地在今辽宁大凌河以东。辽东王封国包有今辽宁和河北东北一带。㉙臧荼：曾为燕王韩广部将，因从项羽入关，项羽把燕地分割为二，徙故燕王韩广称王辽东，而以燕、蓟（今河北北部）封臧荼。后来臧荼背楚归汉，汉高祖五年（前202年）反叛被俘。㉚蓟：秦县，故地在今北京市西南。

㉛胶东王：项羽把原齐国地区分割为三，东部为胶东王田市封国，都即墨（今山东平度市东南），辖有今山东东部。中部是故齐的中心地带，为齐王田都封国，西部为济北王田安封国。㉜临菑：即临淄，战国时齐国都城，秦为临淄郡治所，故城在今山东淄博市东北旧临淄县。㉝齐王建：齐襄王之子，公元前246年继位为齐王，立四十四年被秦俘虏，齐国遂亡。㉞济北：济水北岸。㉟博阳：在今山东泰安市东南的博县故城。一说在今山东茌平县西博平镇。㊱成安君：陈余封号。成安，秦县，在今河南临汝县东南。㊲南皮：秦县，在今河北南皮县。㊳西楚：据《货殖列传》所载，淮北沛、陈、汝南、南郡为西楚，彭城以东，东海、吴、广陵为东楚，衡山、九江、江南、豫章、长沙为南楚。西楚包举今河南东部、安徽北部、江苏西北部一带。霸王：诸侯王的盟主，与春秋时的霸主相同。㊴九郡：史书都没有具体列出九郡的名称，《汉书·项籍传》《资治通鉴》皆云『王梁、楚地九郡』。清钱大昕《汉书考异》、梁玉绳《史记志疑》认为九郡是泗水、东阳、东海、砀、薛、郯、吴、会稽、东郡。但也有人不主此说。

【译文】

项王封章邯为雍王，称王于咸阳以西，建都废丘。长史司马欣，从前做栎阳狱掾，曾对项梁有过恩德；都尉董翳，最初劝说章邯降楚，所以封司马欣为塞王，称王于咸阳以东到黄河一带，建都栎阳；封董翳为翟王，称王于上郡，建都高奴。徙封魏王豹为西魏王，称王于河东，建都平阳。瑕丘申阳是张耳的宠臣，先攻下河南，在黄河岸边迎接楚军，所以立申阳为河南王，建都洛阳。韩王成仍以旧都城为都，建都阳翟。赵将司马卬平定河内，屡立战功，所以封司马卬为殷王，称王于河内，建都朝歌。徙封赵王歇为代王。赵相张耳一向贤能，又随从项王入关，所以封张耳为常山王，称王于赵地，建都襄国。当阳君黥布为楚军将领，勇冠全军，所以封黥布为九江王，建都于六。鄱君吴芮率领百越兵协助诸侯军，又随从入关，所以封吴芮为衡山王，建都于邾。义帝的柱国共敖率兵攻打南郡，功劳很多，于是封共敖为临江王，建都江陵。徙封燕王韩广为辽东王。燕将臧荼曾随楚军救赵，遂又跟从入关，所以封臧荼为燕王，建都于蓟。徙封齐王田市为胶东王。齐将田都曾随从项王共同救赵，遂又跟着入关，所以立田都为齐王，建都临淄。原来被秦朝灭亡的齐王建的孙子田安，正在项羽渡河救赵时，攻下济水北边几座城邑，率领他的军队投降了项羽，所以封田安为济北王，建都博阳。田荣多次有负项梁，又不愿率军随楚击秦，因此没有封王。成安君陈余丢弃将印离去，没有随从入关，然而一向听说他贤能，有功于赵，知道他在南皮，所以把环绕南皮的三个县封给他。番君的将领梅锠战功很多，所以封为十万户侯。项王自立为西楚霸王，封有九郡，建都彭城。

【原文】

汉之元年①四月，诸侯罢戏下②，各就国。项王出之国，使人徙义帝，曰：『古之帝者地方千里③，必居上游。』乃使使徙义帝长沙郴县④。趣⑤义帝行，其群臣稍稍背叛之，乃阴⑥令衡山、临江王击杀之江中。韩王成无军功，项王不使之国，与俱至彭城，废以为侯，已又杀之。臧荼之国，因逐韩广之辽东，广弗听，荼击杀广无终⑦，并王其地。

【注释】

①汉元年：即公元前206年。此年项羽分封诸侯，刘邦为汉王。②戏：通『麾』，用来指挥军队的大旗。戏下：在主帅的旌麾之下。也有人认为『戏』指戏水，『戏下』即戏水旁，与『洛下』同例。③方千里：千里见方，即东西千里，南北千里。④长沙：秦郡，辖有今资水以东的湖南地区、广东西北和广西东北部分地区。郴县：长沙郡属县，在今湖南郴州。⑤趣：催促。⑥阴：暗地里。⑦无终：秦县，韩广王辽东，建都于此。故城在今天津市蓟县。

【译文】

汉元年四月，在项王旌麾之下诸侯罢兵散归，各自回到封国。项王也出关回到封国，派人迁徙义帝，说：『古代做帝王的拥有千里见方的土地，必须住在上游。』于是就派遣使者把义帝迁往长沙郴县。项王催促义帝快些动身，义帝群臣渐渐背叛了他，项王就暗中命令衡山王、临江王把义帝击杀在江中。韩王成没有军功，项王不让他回就国，一起到了彭城，废去王号，改封为侯，不久又杀死了。臧荼到了封国，就驱逐韩广去辽东，韩广不服从，臧荼在无终击杀了韩广，兼并了他的封地。

【原文】

田荣闻项羽徙齐王市胶东，而立齐将田都为齐王，乃大怒，不肯遣齐王之胶东，因以齐反，迎击田都。田都走楚。齐王市畏项王，乃亡之胶东就国。田荣怒，追击杀之即墨。荣因自立为齐王，而西击杀济北王田安，并王三齐①。荣与彭越②将军印，令反梁地。陈余阴使张同、夏说③说齐王田荣曰：『项羽为天下宰，不平。今尽王故王于丑地，而王其群臣诸将善地。逐其故主，赵王乃北居代，余以为不可。闻大王起兵，且不听不义，愿大王资余兵，请以击常山，以复赵王，请以国为扞④蔽。』齐王许之，因遣兵之赵。陈余悉发三县兵，与齐并力击常山，大破之。张耳走归汉。陈余迎故赵王歇于代，反⑤之赵。赵王因立陈余为代王。

【注释】

①三齐：即田都所封齐，田市所封胶东，田安所封济北。②彭越：字仲，昌邑（今山东金乡县西北）人。项羽分封诸侯王时，彭越率众万余人活动于巨野泽（即大野泽，在今山东巨野县北），所以田荣联络彭越，授予将军印，

在梁地反叛项羽。事见《史记》《汉书》本传。③张同：全书仅此一见，事迹不详。夏说：陈余为代王时，夏说为代相。汉高祖二年（前205年）九月，被韩信擒杀。④扞：与「捍」字同。扞蔽：捍卫，掩护。⑤反：通「返」。

【译文】

田荣听说项羽把齐王市徙封胶东，而立齐将田都为齐王，十分气愤，不愿让齐王去胶东，就据齐反叛，迎击田都。田都逃往楚国。齐王市害怕项王，就潜往胶东就国。田荣大为生气，派兵追击，在即墨杀死了他。田荣便自立为齐王，向西进兵，击杀了济北王田安，兼并了三齐。田荣把将军印授予彭越，让他在梁地反楚。陈余秘密派遣张同、夏说劝告齐王田荣说：『项羽为天下的主宰，（分封侯王）不公平。如今把原来的诸侯王都封在坏地方称王，而他的群臣诸将都封在好地方称王。（因为要）赶走原来的诸侯王，赵王就（只好）到北方居住代地，我以为这样是不能答应的。听说大王已经起兵，而且不接受不道义的命令，希望大王援助我一些兵马，允许我用以攻打常山，恢复赵王的地位，愿把赵国作为齐国的屏障。』齐王答应了，就遣兵赴赵。陈余调动了三县的全部士卒，与齐军并力攻打常山，打垮了常山的军队。张耳逃走归服了汉王。陈余去代地迎接原来的赵王歇返归赵地。赵王就立陈余为代王。

【原文】

是时，汉还定三秦①。项羽闻汉王皆已并关中，且东，齐、赵叛之，大怒。乃以故吴令郑昌②为韩王，以距汉。令萧公角③等击彭越。彭越败萧公角等。汉使张良徇韩，乃遗项王书曰：『汉王失职④，欲得关中，如约即止，不敢东。』又以齐、梁反书遗项王曰：『齐欲与赵并灭楚。』楚以此故无西意，而北击齐。征兵九江王布。布称疾不往，使将将数千人行。项王由此怨布也。

【注释】 ①三秦：即章邯、司马欣、董翳所封雍、塞、翟三国。这些地区原为秦国故地。②郑昌：项羽早年在吴县时，郑昌为县令，见本书《韩王信列传》。③萧公角：名角，曾为萧县（今安徽萧县西北）令。楚、汉相争时期，楚官沿袭旧制，令称作公。④失职：失去职分。此指刘邦未能如约称王关中，而被项羽封在巴、蜀、汉中。

【译文】 这时，汉王回军平定了三秦。项羽听说汉王已经兼并了关中，将要东进，齐、赵又反叛了他，非常愤怒。就以从前的吴令郑昌为韩王，来阻挡汉军。命令萧公角等人攻击彭越。彭越打败了萧公角等人。汉王派张良巡行招抚韩地，张良就给项王写信说：『汉王（没有如约称王关中），有失职守，打算取得关中，实现了原来的约定就停止进军，不敢继续东进。』张良又把齐、梁的反叛文告送给项王，说：『齐想和赵并力灭楚。』楚军因此无意西进，而向北攻打齐国。项王向九江王黥布征调兵力。黥布称病不往，派将领率兵几千人前去。项王从此怨恨黥布。

【原文】 汉之二年冬，项羽遂北至城阳，田荣亦将兵会战。田荣不胜，走至平原[1]，平原民杀之。遂北烧夷[2]齐城郭室屋，皆阬田荣降卒，系[3]虏其老弱妇女。徇齐至北海[4]，多所残灭。齐人相聚而叛之。于是田荣弟田横[5]收齐亡卒得数万人，反城阳。项王因留，连战未能下。

【注释】 ①平原：秦县，在今山东平原县西南。汉始置郡，以平原为郡治。②烧夷：焚烧平毁。③系：拘缚，捆绑。系虏：俘获，俘虏。④北海：指今山东寿光市以东、昌邑县以西、安丘市以北一带滨海地，汉景帝中元二年（前148年）于此置北海郡。⑤田横：秦末与从兄田儋起兵反秦，田儋死，田荣立儋子市为齐王，田横为将。田荣死，田横立荣子广为齐王，自为齐相。后来田广被汉军所虏，田横自立为齐王。刘邦称帝，召田横至洛阳，离洛阳三十里自杀。事详本书《田儋列传》《汉书·田儋传》。

【译文】

汉高祖二年（前205年）冬，项羽北上到达城阳，田荣也率军到此与项羽会战。田荣兵败，逃到平原，平原百姓杀死了他。楚军北进，烧毁齐国房屋，夷平齐国城郭，坑杀田荣降卒，掳掠老弱妇女。在齐攻城略地，直至北海，到处烧杀掠夺。齐国人联合起来反抗项羽。田荣的弟弟田横收集齐国逃散的士卒，得到几万人，反于城阳。项王因此留下来，连续攻打几次都没有攻下城阳。

【原文】

春[1]，汉王部五诸侯[2]兵，凡五十六万人，东伐楚。项王闻之，即令诸将击齐，而自以精兵三万人南从鲁[3]出胡陵。四月，汉皆已入彭城，收其货宝美人，日置酒高会。项王乃西从萧，晨击汉军而东，至彭城，日中，大破汉军。汉军皆走，相随入谷、泗水[4]，杀汉卒十余万人。汉卒皆南走山，楚又追击至灵壁东睢水[5]上。汉军却，为楚所挤，多杀，汉卒十余万人皆入睢水，睢水为之不流。围汉王三帀[6]。于是大风从西北而起，折木发屋，扬沙石，窈冥[7]昼晦，逢迎楚军。楚军大乱，坏散，而汉王乃得与数十骑遁去。欲过沛，收家室而西；楚亦使人追之沛，取汉王家。家皆亡，不与汉王相见。汉王道逢得孝惠、鲁元[8]，乃载行。楚骑追汉王，汉王急，推堕孝惠、鲁元车下，滕公[9]常下收载之。

如是者三。曰：『虽急，不可以驱！奈何弃之！』于是遂得脱。求太公、吕后[10]不相遇。审食其[11]从太公、吕后间行，[12]求汉王，反遇楚军。楚军遂与归，报项王，项王常置军中。

【注释】

①春：汉二年春。当时沿用秦历，以十月为岁首，所以上面先叙述『汉之二年冬』，然后按时序叙述汉二年春。

②部：部勒，统辖。五诸侯：史书没有明确记载，《汉书·高帝纪》颜师古注认为是常山王张耳、河南王申阳、韩王郑昌、魏王豹、殷王司马卬。但前人和后人多持异说，今天已很难确指。③鲁：秦县，在今山东曲阜市。④谷、泗水：泗水流经彭城东北，谷水在彭城北注入泗水。项羽率军自萧而东，在彭城击破汉军，汉军向东北或北方撤退，便遇到谷水、泗水。⑤灵壁：位于彭城西南，在今安徽淮北市西南，不是现在的灵壁县。睢水：即濉河，自河南杞县流经河南东部、淮北市西南部，到江苏宿迁市西，注入泗水，今多淤断。⑥帀：与『匝』字同，环绕一周。三帀：环绕三周，即包围三重。⑦窈冥：形容深幽阴暗。⑧孝惠：即刘盈，吕后所生，继刘邦后嗣位为帝，死谥孝惠。事迹附见本书《吕太后本纪》，又见《汉书·惠帝纪》。鲁元：即鲁元公主，刘盈之姊，后嫁张耳之子张敖，生子张偃，为鲁王。⑨滕公：即夏侯婴，曾为滕县令，故称『滕公』。当时为汉王御车。⑩求：寻求，查访。太公：刘邦的父亲。吕后：刘邦的妻子。事见本书《吕太后本纪》《汉书·高后纪》。⑪审食其：沛人，楚汉相争时，一直随侍吕后，以此封为辟阳侯。吕后执政，官至左丞相。文帝即位后免相，被淮南王刘长击杀。

【译文】

春天，汉王统率五路诸侯的军队，共五十六万人，东进伐楚。项王听到这个消息，即令诸将攻打齐国，而自己带领精兵三万人南下，由鲁越过胡陵。四月，汉军都已进入彭城，搜掠财物珍宝和美女，天天设筵会饮。项王向西进发，到达萧县，早晨攻击汉军，向东进发，到达彭城，中午，把汉军打得大败。汉军溃退，相继逃入谷水、泗水，楚军杀死了十多万汉军士卒。汉军向南往山里逃跑，楚军又追击到灵壁东面的睢水上。汉军退却，为楚军所逼，拥挤在一起，多被杀伤，汉军十多万人落入睢水，睢水为之不流。楚军把汉王包围了三层。这时大风从西北刮起，吹断了树木，掀毁了房屋，飞沙走石，天色昏昏沉沉，（狂风夹杂着沙石）向楚军迎面扑来。楚军大乱，阵形溃散，汉王才得以和几十个骑兵逃走。打算经过沛县，接取家眷西行；楚军也派人追往沛县，掠取汉王家眷。家眷都已逃亡，没有和汉王相见。汉王在路上遇到了孝惠、鲁元，就用车拉着一块儿走。楚军骑兵追赶汉王，汉王着急了，把孝惠、鲁元推下车去，滕公便下车把他们抱上来，这样推下抱上了好几次。滕公说：『事虽危急，不是可以把车赶得快一些！怎么能丢弃他们！』汉王终于脱身而出。他寻找太公、吕后，没有找到。审食其跟随太公、吕后从小路潜行，寻找汉王，反而碰上了楚军。楚军就带他们回到军营，报告了项王，项王把他们拘留在军营里。

【原文】

是时吕后兄周吕侯为汉将兵居下邑①，汉王间往从之，稍稍收其士卒。至荥阳②，诸败军皆会，萧何③亦发关中老弱未傅悉诣④荥阳，复大振。楚起于彭城，常乘胜逐北，与汉战荥阳南京、索间，汉败楚，楚以故不能过荥阳而西。

【注释】

①周吕侯：即吕泽，汉高祖六年（前201年）封周吕侯，立三年卒。当时吕泽尚未封周吕侯，这是作者追书之辞。

下邑：秦县，在今安徽砀山县。②荥阳：秦县，在今河南荥阳市。③萧何：沛人，曾为沛县吏。刘邦起义后，一直追随刘邦，辅成帝业，为汉开国名相，以功封赞侯。当时刘邦率军东出伐楚，萧何留镇关中。事详本书《萧相国世家》《汉书·萧何传》。④傅：即男子在成丁之年著名籍，国家据此无偿地征发劳役。诣：到达。

【译文】

这时吕后的哥哥周吕侯为汉率兵驻扎在下邑，汉王抄小路来到周吕侯那里，稍稍收集了一些逃散的士卒。到了荥阳，各路败军都会合在一起，萧何也征发关中没有著籍的老弱全部来到荥阳，声势又振作起来。楚军从彭城出发，常常乘胜追击败兵，与汉军在荥阳南面的京、索之间交战，汉军打败了楚军，楚军因此不能越过荥阳西进。

【原文】

项王之救彭城，追汉王至荥阳，田横亦得收齐，立田荣子广为齐王。汉王之败彭城，诸侯皆复与①楚而背汉。汉军荥阳，筑甬道属之河②，以取敖仓③粟。

【注释】

①与：亲附。②属之河：连接到黄河岸边。属，接，连缀。③敖仓：秦在荥阳西北敖山上修建的粮仓，储有大量粟米。地当河水、济水分流处，故址在今河南郑州市西北邙山上。

【译文】

项王解救彭城，追赶汉王到达荥阳，田横乘机收复了齐国，立田荣子田广为齐王。汉王在彭城战败，诸侯又都向楚背汉。汉军驻扎在荥阳，修筑了一条甬道，与黄河相连，以便运取敖仓的粮食。

【原文】

汉之三年，项王数侵夺汉甬道，汉王食乏，恐，请和，割荥阳以西为汉。项王欲听之。历阳侯[1]范增曰：“汉易与耳，今释弗取，后必悔之。”项王乃与范增急围荥阳。汉王患之，乃用陈平计间项王。项王使者来，为太牢具[2]，举欲进之。见使者，详[3]惊愕曰：“吾以为亚父使者，乃反项王使者。”更持去，以恶食食[4]项王使者。使者归报项王，项王乃疑范增与汉有私，稍夺之权。范增大怒，曰：“天下事大定矣，君王自为之。愿赐骸骨归卒伍[5]。”项王许之。行未至彭城，疽[6]发背而死。

【注释】

①历阳侯：范增封爵。历阳，秦所置县，在今安徽和县。②太牢：古代祭祀或宴飨，牛、羊、豕三牲全备为太牢，只具羊、豕而无牛为少牢。“太牢具”，是待客时礼数最高的丰盛筵席。③详：通“佯”，假装。④恶食食：上一“食”字是名词，食物；下一“食”，与“饲”字通，动词，给人吃。⑤愿赐骸骨：犹言乞身。臣子事君，即以身许人，所以自己辞官等于要求人君赐予躯体。卒伍：古代军队编制，五人为伍，百人为卒。归卒伍：即退身为普通士卒。⑥疽：疽痈，是一种恶疮。

【译文】

汉三年（前204年），项王屡次侵夺汉军的甬道，汉王粮食缺乏，恐慌起来，请求讲和，划分荥阳以西归汉。项王想要答应他。历阳侯范增说：“汉军容易对付，现在放掉他们，不予以消灭，以后一定要懊悔。”项王就和范增加紧围攻荥阳。汉王深为忧虑，就采用陈平的计策离间项王和范增。项王的使者来了，给他准备了牛、羊、豕齐全的丰盛筵席，打算端上去。端饭菜的人一看使者，假装惊愕地说：『我以为是亚父的使者，没想到反而是项王的使者。』把饭菜又端了下去，拿粗菜恶饭给项王的使者吃。使者回来报告了项王，项王就怀疑范增私通汉军，渐渐剥夺他的权力。范增大怒，说：『天下的形势，大局已定，君王好自为之。请赐还我的躯体，让我成为一个普通的士卒。』项王答应了他。范增走了，还没有到彭城，因背上长毒疮死去了。

【原文】

汉将纪信说汉王曰：『事已急矣，请为王诳①楚为王，王可以间出。』于是汉王夜出女子荥阳东门被②甲二千人，楚兵四面击之。纪信乘黄屋车③，傅左纛④，曰：『城中食尽，汉王降。』楚军皆呼万岁。汉王亦与数十骑从城西门出，走成皋⑤。项王见纪信，问：『汉王安在？』信曰：『汉王已出矣。』项王烧杀纪信。

【注释】

①诳：与『诓』字同，欺骗。②被：通『披』。③黄屋车：天子所乘，这种车用黄缯做盖里。④傅：附着。这里可解释为插着、张着。左纛：竖立在车衡左方的用犛牛尾或雉尾制成的装饰物。⑤成皋：即春秋郑国虎牢，汉代置为县。其地形势险要，故城在今河南荥阳市汜水镇。

【译文】

汉军将领纪信劝汉王说：『形势已经很危急了，请让我假装成大王替你去蒙骗楚军，大王可以乘机逃出城去。』于是汉王夜间从荥阳东门放出两千名身穿铠甲的妇女，楚军四面围击。纪信乘坐黄屋车，左边的车衡上竖立着大纛旗，（卫士大声地）说：『城中粮食吃光了，汉王投降。』楚军都高呼万岁。汉王和几十名骑兵从西门出城，奔向成皋。

项王见到纪信，问他：『汉王在哪里？』纪信说：『汉王已经出城了。』项王烧死了纪信。

【原文】

汉王使御史大夫周苛、枞公、魏豹[1]守荥阳。周苛、枞公谋曰：『反国之王，难与守城。』乃共杀魏豹。楚下荥阳城，生得周苛。项王谓周苛曰：『为我将，我以公为上将军，封三万户。』周苛骂曰：『若不趣[2]降汉，汉今虏若，若非汉敌也。』项王怒，烹周苛，并杀枞公。

【注释】

①御史大夫：本为秦官，地位仅次于丞相，主要负责监察、执法。当时周苛在汉任此职。周苛：周昌从兄，秦时为泗水（秦郡，治所在沛县，汉初改为沛郡）卒史，后归属刘邦。事迹主要见本书《张丞相列传》所附《周昌列传》《汉书·周昌传》。枞公：枞为姓，史书没有记载他的名字。魏豹：汉高祖元年（前206年）二月，项羽封魏豹为西魏王。二年三月，魏豹降汉，五月背汉归楚。九月韩信俘虏魏豹，送至荥阳刘邦处。刘邦逃离荥阳，即令周苛、枞公与魏豹共守荥阳。②若：你。趣：赶快。

【译文】

汉王派御史大夫周苛、枞公、魏豹守卫荥阳。周苛、枞公商量说：『魏豹这个叛国之王，很难和他共守城池。』就一起杀死了魏豹。楚军攻下荥阳城，活捉了周苛。项王对周苛说：『做我的将领，我以你为上将军，封三万户。』周苛骂着说：『你不赶快投降汉军，汉军就要俘虏你，你不是汉军的对手。』项王大怒，烹死了周苛，并杀了枞公。

【原文】

汉王之出荥阳，南走宛、叶[1]，得九江王布，行收兵，复入保成皋。汉之四年，项王进兵围成皋。汉王逃，独与滕公出成皋北门，渡河走修武[2]，从张耳、韩信军[3]。诸将稍稍得出成皋，从汉王。楚遂拔成皋，欲西。汉使兵距之巩[4]，令其不得西。

【注释】

①宛：秦县，为南阳郡治所，在今河南南阳市。叶：秦县，在今河南叶县南。②修武：汉始置为县，在今河南获嘉县西南。县内有大、小修武，此为小修武。大修武在小修武西，位于今河南修武县界。③从张耳、韩信军：据本书《高祖本纪》记载，刘邦渡河后驰宿修武，自称汉王使者，早晨驰入张耳、韩信军营，夺了他们的军权，派张耳北收兵赵地，使韩信东击齐。④巩：秦县，在今河南巩义市西南。

【译文】

汉王逃出荥阳，南走宛、叶，收服了九江王黥布，一边走一边收集士卒，又进入成皋固守。汉四年（前203年），项王围攻成皋。汉王逃走了，单身一人与滕公出了成皋北门，渡河奔向修武，到了张耳、韩信军营。诸将陆续逃出成皋，追随汉王。楚军攻下成皋，想要向西进军。汉王派兵在巩义市阻击，使楚军不能西进。

【原文】

是时，彭越渡河击楚东阿，杀楚将军薛公。项王乃自东击彭越。汉王得淮阴侯[1]兵，欲渡河南。郑忠[2]说汉王，乃止壁[3]河内。使刘贾[4]将兵佐彭越，烧楚积聚。项王东击破之，走彭越。汉王则引兵渡河，复取成皋。军广武[5]。就敖仓食。项王已定东海[6]来，西，与汉俱临广武而军，相守数月。

【注释】

①淮阴侯：即韩信。当时韩信尚未封淮阴侯，这是修史者追书之辞。②郑忠：当时为汉郎中，他劝刘邦深沟高垒，不与楚交战，见本书《高祖本纪》。③壁：营垒，壁垒。这里用为动词，扎营。④刘贾：刘邦堂兄，汉高祖元年（前206年）为将军，六年封荆王，十一年击黥布被杀。⑤广武：山名，在今河南荥阳市东北。山上有东西广武二城，东城为楚军所筑，西城为汉军所筑。下文云楚、汉俱临广武而军，即指分别驻扎在东西广武二城。⑥东海：泛指东方。

【译文】

这时，彭越渡河在东阿攻击楚军，杀死了楚将军薛公。项王就亲自东去攻打彭越。汉王得到淮阴侯的军队，打算渡河南下。郑忠劝阻汉王，汉王就停留在河内筑起营垒。派刘贾领兵协同彭越，烧掉楚军的粮食。项王东进打败了刘贾和彭越，彭越逃走了。汉王率军渡河，又夺取了成皋，驻扎在广武，取食敖仓。项王已经平定了东海，率军回来，向西进发，与汉军都在广武驻扎，相持了好几个月。

【原文】

当此时，彭越数反梁地，绝楚粮食，项王患之。为高俎[1]，置太公其上，告汉王曰：『今不急下，吾烹太公。』汉王曰：『吾与项羽俱北面[2]受命怀王，曰「约为兄弟」，吾翁即若翁，必欲烹而[3]翁，则幸分我一桮羹。』项王怒，欲杀之。项伯曰：『天下事未可知，且为天下者不顾家，虽杀之无益，只[4]益祸耳。』项王从之。

【注释】

①高俎：割肉用的高大砧板。俎多木制，也有用青铜铸成，长方形，两端有足。②北面：古代君王坐时面朝南，臣下面朝北而拜，所以『北面』即臣下之意。③而：同『尔』，汝，你。④只：只能，只是。

【译文】

当时，彭越在梁地多次反击楚军，断绝楚军的粮食，项王很忧虑。他设置了一个高大的砧板，把太公放在上面，告诉汉王说：『现在不快快投降，我就烹杀太公。』汉王说：『我和你项羽都是北面称臣，受命于怀王，说是「结为兄弟」，我的老子就是你的老子，一定要烹杀你的老子，那么希望你分给我一杯肉羹。』项王十分气愤，打算杀死太公。项伯说：『天下大事还不能预料，而且打天下的人不顾念家眷，虽然杀了太公也没有好处，只能增加祸患。』项王听从了项伯的话。

【原文】

楚汉久相持未决，丁壮苦军旅，老弱罢转漕①。项王谓汉王曰：『天下匈匈②数岁者，徒以吾两人耳，愿与汉王挑战决雌雄，毋徒苦天下之民父子为也。』汉王笑谢曰：『吾宁斗智，不能斗力。』项王令壮士出挑战。汉有善骑射者楼烦③，楚挑战三合，楼烦辄④射杀之。项王大怒，乃自被甲持戟挑战。楼烦欲射之，项王瞋目叱⑤之，楼烦目不敢视，手不敢发，遂走还入壁，不敢复出。汉王使人间问⑥之，乃项王也。汉王大惊。于是项王乃即汉王相与临广武间⑦而语。汉王数之⑧，项王怒，欲一战。汉王不听，项王伏弩⑨射中汉王。汉王伤，走入成皋。

【注释】

①罢：通『疲』。转漕：陆运为『转』，水运为『漕』。②匈匈：字通『恟恟』，扰攘不安。③楼烦：当时我国北

方少数族，春秋末生活在今山西宁武、岢岚等地，后移至今陕北和内蒙古自治区南部，秦末被匈奴征服。楼烦人擅长骑射，因此把汉军中善骑射者称为『楼烦』。④辄：即，就。⑤瞋目：发怒时睁大眼睛。叱：大声呵斥。⑥间问：暗中探问，暗中打听。⑦间：『涧』的假借字。广武山上东广武城和西广武城相距二百步左右，中隔广武涧，涧中水后世谓之柳泉（见《水经注》卷七），北流入济水，项羽和刘邦即临涧而语。⑧数之：历数项羽罪状。⑨弩：装有机关的弓。

【译文】

楚、汉长期相持，未决胜负，年轻力壮的苦于行军作战，年老体弱的疲于水陆运输。项王对汉王说：『几年来天下扰攘不安，只是由于我们两个人的缘故，愿意与你挑战，一决雌雄，不要使天下百姓空受痛苦。』汉王笑着拒绝说：『我宁愿斗智，不愿斗力。』项王叫壮士出去挑战。汉军有个擅长骑马射箭的人叫楼烦，楚军派壮士挑战三次，楼烦都把壮士射死了。项王大怒，就亲自披甲持戟出来挑战。楼烦想要射他，项王怒目呵斥，楼烦（被吓得）眼不敢正视，手不敢发箭，跑回营垒，不敢再出来。汉王派人暗中打听，才知道挑战的人原来是项王。汉王大为震惊。于是项王靠近汉王军营，和他隔着广武涧对话。汉王历数项王的罪状，项王非常气愤，要求决战。汉王没有答应，项王埋伏的弓弩射中了汉王。汉王受伤跑回成皋。

【原文】

项王闻淮阴侯已举河北，破齐、赵，且欲击楚，乃使龙且往击之。淮阴侯与战，骑将灌婴①击之，大破楚军，杀龙且。韩信因自立为齐王。项王闻龙且军破，则恐，使盱台人武涉往说淮阴侯②。淮阴侯弗听。是时，彭越复反，下梁地，绝楚粮。项王乃谓海春侯大司马曹咎等曰：『谨守成皋，则汉欲挑战，慎勿与战，毋令得东而已。我十五日必诛彭越，定梁地，复从将军。』乃东，行击陈留、外黄。

【注释】

①灌婴：睢阳人，一直随从刘邦转战各地，以功封颍阴侯，文帝时尝为丞相。事详《史记》《汉书》本传。

②武涉往说淮阴侯：武涉游说之辞见本书《淮阴侯列传》，大意是劝韩信叛汉联楚，与刘邦三分天下而王。

【译文】

项王听说淮阴侯已经攻下河北，打垮了齐、赵军队，而且将要进攻楚军，就派龙且前往迎击。淮阴侯与龙且交战，骑兵将领灌婴也出击龙且，大破楚军，杀死了龙且。韩信就自立为齐王。项王听说龙且的军队垮了，大为恐慌，派遣盱台人武涉去游说淮阴侯。淮阴侯不肯听从。这时，彭越又起来反楚，攻下梁地，断绝楚军的粮道。项王就对海春侯大司马曹咎等人说：『小心守卫成皋，即使汉军挑战，千万不要和它交战，不要让它东进就行了。我十五天一定杀掉彭越，平定梁地，再与将军会合。』于是项王率军东去，进军过程中攻打陈留、外黄。

【原文】

外黄不下。数日，已降，项王怒，悉令男子年十五已上诣城东，欲阬之。外黄令舍人①儿年十三，往说项王曰：『彭越强劫外黄，外黄恐，故且降，待大王。大王至，又皆阬之，百姓岂有归心？从此以东，梁地十余城皆恐，莫肯下矣。』项王然其言，乃赦外黄当阬者。东至睢阳②，闻之皆争下项王。

【注释】

①舍人：门客。②睢阳：秦县，在今河南商丘市南。

【译文】

外黄没有攻下。过了几天，外黄投降了，项王很生气，命令十五岁以上的男子全部到城东，准备坑杀他们。外黄令门客的儿子才十三岁，前去劝告项王说：『彭越用武力逼迫外黄百姓，外黄百姓很害怕，所以暂时投降，等待大王到来。大王到了，又都坑杀他们，难道百姓还有归顺之心吗？从这儿往东，梁地十多个城邑都心怀恐惧，没有肯投降的了。』项王赞成他的话，就赦免了外黄应当坑杀的那些人。从外黄往东直至睢阳，听到这个消息，都争先恐后地向项王投降。

【原文】

汉果数挑楚军战，楚军不出。使人辱之，五六日，大司马怒，渡兵汜水[1]。士卒半渡，汉击之，大破楚军，尽得楚国货赂。大司马咎、长史翳、塞王[2]欣皆自刭汜水上。大司马咎者，故蕲狱掾，长史欣亦故栎阳狱吏，两人尝有德于项梁，是以项王信任之。当是时，项王在睢阳，闻海春侯军败，则引兵还。汉军方围钟离眛[3]于荥阳东，项王至，汉军畏楚，尽走险阻。

【注释】

①汜水：发源于今河南巩义市东南，流经荥阳市界，北经成皋注入黄河。②翳、塞王：此三字当是衍文。③钟离眛：姓钟离，名眛，为项羽部将。项羽死后，逃归故友韩信，刘邦下令捕眛，被迫自杀。见本书《淮阴侯列传》。

【译文】

汉军果然屡次向楚军挑战，楚军不出来应战。汉军派人在阵前辱骂楚军，骂了五六天，大司马十分气愤，让士卒渡过汜水，（迎击汉军。）士卒刚渡过一半，汉军出击，大败楚军，缴获了楚国全部物资。大司马曹咎、长史欣都自刎在汜水上。大司马曹咎原来是蕲县的狱掾，长史司马欣原来是栎阳的狱吏，两人曾对项梁有过恩德，因此项王信任他们。当时，项王在睢阳，听说海春侯的军队失败了，就率军返回。汉军正在荥阳东面围攻钟离眛，项王一到，汉军害怕楚军，全部撤走到险阻地带。

【原文】

是时，汉兵盛食多，项王兵罢食绝。汉遣陆贾①说项王，请太公，项王弗听。汉王复使侯公②往说项王，项王乃与汉约，中分天下，割鸿沟③以西者为汉，鸿沟而东者为楚。项王许之，即归汉王父母妻子。军皆呼万岁。汉王乃封侯公为平国君。匿弗肯复见。曰：『此天下辩士，所居倾国，故号为平国君。』项王已约，乃引兵解而东归。

【注释】

①陆贾：楚人，刘邦的说客，常奉命出使，曾为太史大夫。著有《新语》十二篇。事详《史记》《汉书》本传。

②侯公：姓侯，本书未载其名。③鸿沟：战国魏惠王时开凿的运河，故道从现在的河南荥阳市北引黄河水，东经中牟县北，至开封市南流，经通许县东、太康县西，由淮阳县东南注入颍水。

【译文】

这时，汉军兵多粮足，项王兵疲粮绝。汉王派遣陆贾劝说项王，请求释放太公，项王没有答应。汉王又派遣侯公前去劝说项王，项王就和汉约定，平分天下，划鸿沟以西归汉，鸿沟以东归楚。项王答应了侯公的要求，就把汉王的父母妻子送了回来。汉军都高呼万岁。汉王封侯公为平国君。侯公隐匿起来，不肯再见汉王。汉王说：『这个人是天下善辩之士，所到之处，可以使人国家覆灭，所以封号为平国君。』项王已经订立和约，就解除了军事对峙，率军东归。

【原文】

汉欲西归，张良、陈平说曰：『汉有天下太半①，而诸侯皆附之。楚兵罢食尽，此天亡楚之时也，不如因其机而遂取之。今释弗击，此所谓「养虎自遗患」也。』汉王听之。

【注释】

①太半：一大半。

【译文】

汉王准备西归，张良、陈平劝汉王说：『汉占领了大半个天下，而诸侯都归服了我们。楚军兵疲粮尽，这是上天让楚灭亡的时候，不如乘这个机会消灭它。现在放走项王不去攻打他，这就是所谓「养虎自遗患」。』汉王同意了他们的建议。

【原文】

汉五年，汉王乃追项王至阳夏①南，止军，与淮阴侯韩信、建成侯彭越期会而击楚军。至固陵②，而信、越之兵不会。楚击汉军，大破之。汉王复入壁，深堑而自守。谓张子房曰：『诸侯不从约，为之奈何？』对曰：『楚兵且破，信、越未有分地，其不至固宜。君王能与共分天下，今可立致也。即不能，事未可知也。君王能自陈以东傅海③，尽与韩信，睢阳以北至谷城④，以与彭越，使各自为战，则楚易败也。』汉王曰：『善。』于是乃发使者告韩信、彭越曰：『并力击楚。楚破，自陈以东傅海与齐王，睢阳以北至谷城与彭相国⑤。』使者至。韩信、彭越皆报曰：『请今进兵。』韩信乃从齐往，刘贾军从寿春并行，屠城父⑥，至垓下⑦。大司马周殷叛楚，以舒⑧屠六，举九江兵⑨，随刘贾、彭越皆会垓下，诣项王。

【注释】

①阳夏：秦县，在今河南太康县。②固陵：聚落名，属阳夏县，故地在今河南太康县南。③陈：秦县，故地在今河南淮阳县。傅：贴近。傅海：即谓到达海边。自陈以东傅海：地域大体包括今河南东部、山东南部、安徽和江苏北部。④谷城：聚邑名，东汉始置县，故地在今山东平阴县西南。睢阳以北至谷城：地域大体包括今河南东北部和山东西部。⑤彭相国：即彭越。彭越曾为魏王豹相国。⑥城父：聚邑名，汉始置县，故地在今安徽亳县东南。屠城父：据本书《高祖本纪》，汉王四年，周殷、黥布『行屠城父』。刘贾从寿春进军垓下，不经过城父。⑦垓下：聚邑名，故地在今安徽灵璧县东南沱河北岸。⑧舒：春秋时为舒国地，秦为聚邑，汉始置县，在今安徽庐江县西南。⑨九江兵：即黥布的军队。

【译文】

汉五年，汉王追击项王到了阳夏南面，军队驻扎下来，与淮阴侯韩信、建成侯彭越约期会合进攻楚军。到达固陵，而韩信、彭越的军队不来会合。楚军攻击汉军，把汉军打得大败。汉王又进入营垒，挖深沟堑，自为固守。汉王对张子房说：『诸侯不遵守约定，怎么办呢？』张子房回答说：『楚军即将崩溃，韩信、彭越没有分到一块封地，他们不来会合是很自然的。君王能和他们共分天下，眼下可以使他们立刻前来。如果不能这样，局势的发展很难预料。

君王能从陈县以东到海边的地区，全部划给韩信，睢阳以北到谷城，分给彭越，使他们各自为战，那么楚军是容易打败的。』汉王说：『好。』于是就派遣使者告诉韩信、彭越说：『合力攻打楚军。楚军崩溃后，从陈县以东到海边给予齐王，睢阳以北到谷城给予彭相国。』使者一到，韩信、彭越都回话说：『请让我们立刻进兵。』韩信就从齐地出发，刘贾的军队从寿春出发并行，屠毁了城父，到达垓下。大司马周殷背叛了楚国，利用舒地的兵力屠毁了六县，调动全部九江士卒，随同刘贾、彭越都会集在垓下，来到项王阵前。

【原文】

项王军壁垓下，兵少食尽，汉军及诸侯兵围之数重。夜闻汉军四面皆楚歌①，项王乃大惊曰：『汉皆已得楚乎？是何楚人之多也！』项王则夜起，饮帐中。有美人名虞②，常幸从。骏马名骓③，常骑之。于是项王乃悲歌忼慨④，自为诗曰：『力拔山兮气盖世，时不利兮骓不逝⑤。骓不逝兮可奈何，虞兮虞兮奈若何！』歌数阕⑥，美人和⑦之。项王泣数行下，左右皆泣，莫能仰视。

【注释】

①楚歌：楚人之歌，犹如吴讴、越吟之类。②虞：《汉书·项籍传》云：『有美人姓虞氏。』③骓：毛色青白相杂的马。④忼慨：也作『慷慨』，愤激悲叹的样子。⑤逝：往，去。这里义为奔驰、行进。⑥数阕：几遍。阕，乐曲终了。⑦和：跟着唱。

【译文】

项王的军队筑垒垓下，兵少粮尽，汉军和各路诸侯军队把它重重包围起来。夜晚听到四面的汉军都是唱的楚地歌曲，项王大为震惊地说：『汉军已经全部占领了楚国吗？为什么楚国人如此众多啊？』项王就夜间起来，在帐幕里饮酒。有一个名字叫虞的美人，得到项王的宠爱，常常带在身边。有一匹叫骓的骏马，项王经常骑着它。于是项王慷慨悲歌，自己作诗唱道：『力拔山兮气盖世，时不利兮骓不逝。骓不逝兮可奈何，虞兮虞兮奈若何！』唱了好几遍，美人跟着他一起唱。项王悲泣，泪下数行，左右侍从也都俯首哭泣，（悲痛得）不能抬头仰视。

【原文】

于是项王乃上马骑，麾下壮士骑从者八百余人，直夜①溃围南出，驰走。平明，汉军乃觉之，令骑将灌婴以五千骑追之。项王渡淮，骑能属者②百余人耳。项王至阴陵③，迷失道，问一田父，田父绐④曰『左』。左，乃陷大泽⑤中。以故汉追及之。项王乃复引兵而东，至东城⑥，乃有二十八骑。汉骑追者数千人。项王自度不得脱，谓其骑曰：『吾起兵至今八岁矣，身七十余战，所当者破，所击者服，未尝败北，遂霸有天下。然今卒困于此，此天之亡我，非战之罪也。今日固决死，愿为诸君快战，必三胜之，为诸君溃围，斩将，刈旗⑦，令诸君知天亡我，非战之罪也。』乃分其骑以为四队，四向。汉军围之数重。项王谓其骑曰：『吾为公取彼一将。』令四面骑驰下，期山⑧东为三处。于是项王大呼驰下，汉军皆披靡⑨，遂斩汉一将。是时，赤泉侯⑩为骑将，追项王，项王瞋目而叱之，赤泉侯人马俱惊，辟易⑪数里。与其骑会为三处。汉军不知项王所在，乃分军为三，复围之。项王乃驰，复斩汉一都尉，杀数十百人，复聚其骑，亡其两骑耳。乃谓其骑曰：『何如？』骑皆伏⑫曰：『如大王言。』

【注释】

①直夜：当夜。一说半夜、中夜。②骑：骑兵，属：相从，跟随。③阴陵：秦县，在今安徽定远县西北。④绐：

欺骗。⑤大泽：大面积的沼泽地。相传在今安徽定远县西南迷沟。⑥东城：秦县，在今安徽定远县东南。⑦必三胜之：即指下面所说的『溃围』『斩将』『刈旗』。刈：割，砍。⑧山：相传即今安徽和县北四溃山，亦称四马山，石上尚有马迹。⑨披靡：形容军队溃倒。⑩赤泉侯：即杨喜，汉高祖二年（前205年）为郎中骑将，隶属淮阴侯韩信。随从灌婴斩项羽后，始封赤泉侯。⑪辟易：由于惊恐而后退。⑫伏：通『服』。

【译文】

于是项王上马（突围），部下壮士骑马随从的有八百多人，当夜冲破包围，向南飞驰而去。天亮，汉军才发觉，派骑兵将领灌婴率五千骑兵追赶项王。项王渡过淮水，能够跟从的骑兵只有一百多人。项王到阴陵，迷失了道路，询问一个种田的人，种田的人欺骗地说『往左』。项王往左去，结果陷入了一大片沼泽中。因此，汉军追上了项王。项王就又带兵向东，到了东城，只有二十八个骑兵了。追赶的汉军骑兵有几千人。项王估计自己不能脱身了，对他的骑兵说：『我起兵到现在八年了，打过七十多次仗，谁抵挡我，我就打垮谁，我攻击谁，谁就降服，未曾打过败仗，因而霸有天下。然而现在终于被围困在这里，这是上天要灭亡我，不是我打仗的过错。今天固然要决心战死，愿意为各位痛痛快快地打一仗，一定要三次取胜，为各位突破重围，斩杀敌将，砍倒敌人军旗，让各位知道是上天灭亡我，不是我打仗的过错。』项王就把他的骑兵分为四队，面向四方。汉军把项王包围了好几层。项王对他的骑兵说：『我为你们斩他一个将领。』项王命令骑兵四面疾驰而下，约定在山的东面会合为三处。于是项王大声呼喊着，飞奔直下，汉军惊惶溃乱，项王就斩了一个汉军将领。当时，赤泉侯做骑兵将领，追赶项王，项王怒目大吼，赤泉侯人马俱惊，倒退了好几里。项王和他的骑兵会合为三处。汉军不知道项王在哪里，就把军队分为三部分，又把项王包围起来。

项王骑马冲驰，又斩了汉军的一个都尉，杀死了百十来人，再把他的骑兵集合起来，只丧失了两个骑兵。项王就对他的骑兵说：『怎么样？』骑兵都佩服地说：『正像大王所说的那样。』

【原文】

于是项王乃欲东渡乌江①。乌江亭长舣②船待，谓项王曰：『江东虽小，地方千里，众数十万人，亦足王也。愿大王急渡。今独臣有船，汉军至，无以渡。』项王笑曰：『天之亡我，我何渡为！且籍与江东子弟八千人渡江而西，今无一人还，纵江东父兄怜而王我，我何面目见之？纵彼不言，籍独不愧于心乎？』乃谓亭长曰：『吾知公长者。吾骑此马五岁，所当无敌，尝一日行千里，不忍杀之，以赐公。』乃令骑皆下马步行，持短兵接战。独籍所杀汉军数百人。项王身亦被十余创。顾见汉骑司马吕马童③，曰：『若非吾故人乎？』马童面④之，指王翳⑤曰：『此项王也。』项王乃曰：『吾闻汉购我头千金，邑万户，吾为若德。』乃自刎而死。王翳取其头，余骑相蹂践争项王，相杀者数十人。最其后，郎中骑⑥杨喜，骑司马吕马童，郎中吕胜、杨武⑦各得其一体。五人共会其体，皆是。故分其地为五：封吕马童为中水侯⑧，封王翳为杜衍侯⑨，封杨喜为赤泉侯⑩，封杨武为吴防侯⑪，封吕胜为涅阳侯⑫。

【注释】

①乌江：即今安徽和县东北长江北岸的乌江浦，其地有乌江亭。②亭长：秦、汉时，十里设一亭，筑有楼屋，内置兵器。亭有亭长一人，主管地方治安警卫，缉捕盗贼，调处民间争讼，止宿来往官吏，有时也宿留一般行人。舣：摆船靠岸。③顾见：回头看见。骑司马：骑兵将领之衔。吕马童：据本书《高祖功臣侯者年表》记载，汉高祖元年（前206年），以郎中骑将随从刘邦，又以骑司马击龙且。④面：有两说：（一）通『偭』，以背相向。（二）面对。注

者取前一说。⑤王翳：据本书《高祖功臣侯者年表》记载，汉高祖三年（前204年），以郎中骑将随从刘邦，为淮阴侯韩信属下，后来跟从灌婴共斩项羽。⑥郎中骑：即郎中骑将，隶属郎中令，下统一定数量的郎中，当时为郎中骑者颇多。⑦郎中：为汉王守卫和扈从人员，无固定员额。吕胜：据本书《高祖功臣侯者年表》记载，汉高祖二年（前205年），以骑士随从刘邦出关。杨武：据本书《高祖功臣侯者年表》记载，汉高祖元年（前206年），以郎中骑将随从刘邦，曾击阳夏，斩项羽时为都尉。⑧中水侯：吕马童封于中水为侯，故地在今河北献县西北。⑨杜衍侯：王翳所侯杜衍，在今河南南阳市西南。⑩赤泉侯：唐司马贞《索隐》云：『南阳有丹水县，疑赤泉后改。』丹水为秦所置县，在今河南淅川县西南，南有丹水流过。⑪吴防侯：杨武所侯吴防，在今河南遂平县。⑫涅阳侯：吕胜所侯涅阳，在今河南邓州市东北，位于涅水（今赵河）北岸，故名。

【译文】

项王想要向东渡过乌江。乌江亭长把船靠在岸边等待着项王。他对项王说：『江东虽小，地方也纵横上千里，民众数十万，也足以称王。希望大王赶快渡江。现在只有我有船只，汉军来到这，没有船只渡江。』项王笑着说：『上天要灭亡我，我渡江干什么呢！况且我和江东子弟八千人渡江西进，现在没有一个人回来，即使江东父兄怜悯我，让我称王，我有什么脸面去见他们？即使他们不说什么，我项籍难道不于心有愧吗？』（最后）项王对亭长说：『我知道你是个忠厚长者。我骑这匹马五年了，所向无敌，曾经一天奔驰一千里，不忍心杀了它，把它送给你吧。』就叫骑兵都下马步行，用短兵接战。单单项籍一人就杀死汉军几百人。项王身上也受了十多处伤。他回头看见汉军的骑司马吕马童，说：『你不是我的老朋友吗？』吕马童背对项王，指给王翳说：『这就是项王。』项王说：『我听说汉军用一千斤黄金、一万户封邑来购买我的头，我给你做件好事吧。』就自刎而死。王翳割了项王的头，其他骑兵自相蹂躏践踏，争夺项王的尸体，互相残杀了几十人。最后，郎中骑杨喜，骑司马吕马童，郎中吕胜、杨武各自得到了项王的一段肢体。五个人把肢体合拢起来，都确实是项王的。所以把准备封赏的土地分为五部分：封吕马童为中水侯，封王翳为杜衍侯，封杨喜为赤泉侯，封杨武为吴防侯，封吕胜为涅阳侯。

【原文】

项王已死，楚地皆降汉，独鲁不下。汉乃引天下兵欲屠之，为其守礼义，为主死节，乃持项王头视①鲁，鲁父兄乃降。始，楚怀王初封项籍为鲁公，及其死，鲁最后下，故以鲁公礼葬项王谷城②。汉王为发哀，泣之而去。

【注释】

①视：通『示』。②谷城：有两说：一谓东郡之谷城，在今山东平阴县西南；一谓鲁之小谷，即曲阜市西北小谷城。前一说较为通行。

【译文】

项王死后，楚国各地都投降了汉军，只有鲁城不肯投降。汉王就带领天下士卒打算屠毁鲁城，因为他们坚守礼义，为主人以死守节，就拿项王的头给鲁城人看，鲁城父兄才投降了。最初，楚怀王曾封项籍为鲁公，等到项籍死了，鲁城又最后投降，所以用鲁公的礼仪把项王埋葬在谷城。汉王为项王举哀，哭了一场，然后离开了鲁城。

【原文】

诸项氏枝属①，汉王皆不诛。乃封项伯为射阳侯②。桃侯、平皋侯、玄武侯③皆项氏，赐姓刘。

【注释】①枝属：宗族。②射阳：在今江苏宝应县东北，因位于射水之北，故名。③桃侯：名襄。据本书《高祖功臣侯者年表》，汉高祖十二年（前193年）始封襄为桃侯。所封桃即桃丘，在汉东郡东阿县境内。平皋侯：名佗，又作它、他。据本书《高祖功臣侯者年表》，汉高祖七年（前200年）封佗为平皋侯。所封平皋在今河南温县东北。玄武侯：名字不详。

【译文】

各支项氏宗族，汉王都不诛杀。封项伯为射阳侯。桃侯、平景侯、玄武侯都是项氏宗族，赐姓刘。

【原文】

太史公曰：吾闻之周生曰『舜目盖重瞳子』①，又闻项羽亦重瞳子。羽岂其苗裔邪？何兴之暴也！夫秦失其政，陈涉首难，豪杰蜂起，相与并争，不可胜数。然羽非有尺寸，乘埶起陇亩②之中，三年，遂将五诸侯③灭秦，分裂天下，而封王侯，政由羽出，号为『霸王』，位虽不终，近古以来未尝有也。及羽背关怀楚④，放逐义帝而自立，怨王侯叛己，难矣。自矜功伐，奋其私智而不师古，谓霸王之业，欲以力征经营天下，五年卒亡其国，身死东城，尚不觉寤⑤而不自责，过矣。乃引『天亡我，非用兵之罪也』，岂不谬哉！

【注释】

①周生：汉代的儒家人物。从『吾闻之』一语来看，周生与司马迁耳目相接，曾生活在同一时代。盖：或然之辞，是一种不能肯定的语气。重瞳子：两个眸子。②埶：与『势』字同。陇亩：草野，民间。③五诸侯：指齐、赵、韩、魏、燕五国诸侯军。④背关怀楚：谓放弃关中形胜之地，而怀念楚地，建都彭城。⑤寤：通『悟』。

【译文】

太史公说：我听周生说『舜的眼睛大概是两个瞳孔』，又听说项羽也是两个瞳孔。项羽难道是舜的后裔吗？为什么兴起得这么迅速啊！秦朝政治腐败，陈涉首先发难，豪杰蜂起，相互争夺，不可胜数。然而项羽毫无凭借，乘势起于民间，三年时间，就率领五路诸侯军消灭了秦朝，分割天下，封王建侯，政自己出，号为『霸王』，虽然没有始终保持他的地位，但近古以来，还未曾有过这样的事情。等到项羽放弃关中，怀恋楚地，放逐义帝而自立为王，抱怨王侯背叛自己，这时已经难以控制局势了。自我夸耀功勋，逞一己私智，不效法古人，以为创立霸王的事业，需要用武力来经营天下，终于五年时间覆灭了他自己的国家，身死东城，还没有觉悟，不自我谴责，这就不对了。竟然用『上天灭亡我，不是我用兵打仗的过错』为借口，难道不是太荒谬了吗！

高祖本纪（上）

【原文】

高祖[1]，沛丰邑[2]中阳里人，姓刘氏，字季[3]。父曰太公[4]，母曰刘媪[5]。其先刘媪尝息大泽之陂，[6]梦与神遇。是时雷电晦冥，太公往视，则见蛟龙于其上。已而有身，遂产高祖。

【注释】

①高祖：封建社会皇帝死后在祖庙立室奉祀，并专立名号，称为『庙号』。高祖即为刘邦的庙号，取意于功劳最高，为汉代帝王之祖。②沛：秦县名，故地在今江苏沛县。丰邑：沛县所属的乡，其下又辖中阳里。汉时丰邑改置为县，故地在今江苏丰县。③字季：古人兄弟以伯、仲、叔、季排行，刘邦在兄弟中最小，排行为『季』。④太公：对男

性老年人的尊称。⑤媪：老年妇人的通称，犹今言『老婆婆』。⑥陂：岸边。

【译文】

高祖，沛县丰邑中阳里人。姓刘，字季。父亲叫太公，母亲叫刘媪。先前刘媪曾经休息于大湖岸边，睡梦中与神相交合。这时雷电交作，天昏地暗。太公去看刘媪，见到一条蛟龙在她身上。后来刘媪怀了孕，就生了高祖。

【原文】

高祖为人，隆准而龙颜，美须髯①，左股有七十二黑子。仁而爱人，喜施，意豁如也。常有大度，不事家人②生产作业。及壮③，试为吏④，为泗水亭⑤长，廷中吏无所不狎侮。好酒及色。常从王媪、武负贳酒⑥，醉卧，武负、王媪见其上常有龙，怪之。高祖每酤留饮，酒雠⑦数倍。及见怪，岁竟，此两家常折券弃责⑧。

【注释】

①须髯：胡须。嘴巴下的称『须』，长在两颊上的称『髯』。②家人：即民家。③壮：古人三十岁称『壮』。这里并非确指。④吏：职位低下的官员。⑤泗水亭：《汉书·高帝纪》作『泗上亭』，亭名，故地在今江苏沛县东。⑥负：旧说认为假借为『妇』，谓老年妇女。此处则指老母。贳：赊欠。⑦雠：售。⑧券：双方作为凭证的契约，此指刘邦欠的酒账。秦时以竹简或木札作书写材料，刘邦欠的酒账，记在简札上。『折券』，即谓销毁记在简札上的酒账。责：通『债』。

【译文】

高祖这个人，高鼻梁，像龙一样丰满的额角，漂亮的须髯，左腿上有七十二颗黑痣。仁厚爱人，喜欢施舍，胸襟开阔。

常有远大的志向，不从事一般百姓的生产作业。到了壮年，试做官吏，当了泗水亭亭长，公廷中的官吏，没有一个不混得很熟，受他戏弄。爱好喝酒，喜欢女色。常常向王媪、武负赊酒，喝醉了卧睡，武负、王媪看见他上面常有一条龙，感到很奇怪。高祖每次来买酒，留在酒店中饮酒，酒店的酒比平常多卖几倍。等到发现了奇怪的现象，年终时，这两家酒店常折毁账目，放弃债权。

【原文】

高祖常繇咸阳①，纵观，观秦皇帝，喟然②太息曰：“嗟乎③，大丈夫当如此也！”

【注释】

①常：通“尝”。繇：通“徭”，用作动词，服徭役。咸阳：秦都，故地在今陕西咸阳市东北。②喟然：叹气的样子。

③嗟乎：感叹声。犹如今日的“啊呀”。

【译文】

高祖曾经到咸阳服徭役，（有一次秦始皇车驾出巡，）纵任人们观看，他看到了秦始皇，喟然长叹说：“啊，大丈夫应当像这个样子！”

【原文】

单父人吕公善沛令①，避仇从之客，因家沛焉。沛中豪桀②吏闻令有重客，皆往贺。萧何为主吏③，主进④，令诸大夫⑤曰：“进不满千钱，坐之堂下。”高祖为亭长，素易诸吏，乃绐为谒⑥曰“贺钱万”，实不持一钱。谒入，吕公大惊，起，迎之门。吕公者，好相人，见高祖状貌，因重敬之，引入坐。萧何曰：“刘季固多大言，少成事。”

高祖因狎侮诸客，遂坐上坐，无所诎⑦。酒阑⑧，吕公因目固留高祖。高祖竟酒，后。吕公曰：『臣⑨少好相人，相人多矣，无如季相，愿季自爱。臣有息女，愿为季箕帚妾⑩。』酒罢，吕媪怒吕公曰：『公始常欲奇此女，与贵人。沛令善公，求之不与，何自妄许与刘季？』吕公曰：『此非儿女子所知也。』卒与刘季。吕公女乃吕后也，生孝惠帝⑪、鲁元公主。⑫

【注释】

①单父：县名，故地在今山东单县。令：县的最高行政长官。此官在万户以上的大县称『令』，少于万户的小县则称『长』。②桀：通『杰』。③萧何：沛县丰邑人，佐刘邦统一天下，位至丞相，封酂侯。事详本书《萧相国世家》《汉书·萧何传》。主吏：县令下主管一个方面的官吏。④进：字本作『賮』，会见之礼所用的财物。⑤大夫：泛指尊贵的客人。⑥绐：欺骗。谒：名帖，名刺。⑦诎：折屈。这里有谦让的意思。⑧酒阑：喝酒殆尽，人渐稀少。阑：稀少。⑨臣：当时习用的谦称。⑩箕帚妾：管洒扫的女仆。此为把女儿嫁为人妻的谦虚之辞。⑪孝惠帝：即刘盈。汉高祖死后，刘盈嗣立，公元前195年五月至前188年在位。在位期间，实权掌握在其母吕太后手中。⑫鲁元公主：『鲁』为所食邑。『元』，长。汉代制度，皇帝女儿称『公主』，姊妹称『长公主』。鲁元公主是惠帝之姊，故以『元公主』称之。

【译文】

单父人吕公与沛县县令相友好，为了躲避仇人到县令家做客，因而迁家到沛县。沛县中的豪杰官吏听说县令有贵客，都去送礼祝贺。萧何为县里的主吏，主管收礼物，对各位贵客说：『礼物不满一千钱的，坐在堂下。』高祖做亭长，向来轻视那些官吏，于是欺骗地在名刺上说『贺万钱』，其实没有拿出一个钱。名刺递了进去，吕公大惊，站起来，到门口迎接高祖。吕公这个人，好给人相面，看到高祖的状貌，就特别敬重他，领他到堂上入座。萧何说：『刘季本来大话很多，很少成事。』（由于受到吕公的敬重，）高祖便戏辱堂上的客人，自己坐在上座，毫不谦让。酒席就要散尽，吕公以目示意高祖不要走。高祖喝完了酒，留在后面。吕公说：『我从年少时就好给人相面，相过的人多了，没有一个像你刘季这样的贵相，希望你刘季保重。我有一亲生女儿，愿意作为你刘季执帚洒扫的妻子。』酒席结束后，吕媪生吕公的气，说：『你最初常想使这个女儿与众不同，把她嫁给贵人。沛令与你相友好，求娶女儿，你不答应，为什么自己妄作主张许配给了刘季？』吕公说：『这不是妇孺之辈所能懂得的。』终于把女儿嫁给了刘季。吕公的女儿就是吕后，她生了孝惠帝、鲁元公主。

【原文】

高祖为亭长时，常告[1]归之田。吕后与两子居田中耨，有一老父过请饮，吕后因铺[2]之。老父相吕后曰：『夫人天下贵人。』令相两子，见孝惠，曰：『夫人所以贵者，乃此男也。』相鲁元，亦皆贵。老父已去，高祖适从旁舍来，吕后具言客有过，相我子母皆大贵。高祖问，曰：『未远。』乃追及，问老父。老父曰：『乡[3]者夫人婴儿皆似君，君相贵不可言。』高祖乃谢曰：『诚如父言，不敢忘德。』及高祖贵，遂[4]不知老父处。

【注释】

①常：通『尝』，曾经。告：古时官吏休假曰『告』。②铺：以食与人。③乡：通『向』。『乡者』，一般应解为『从前』，这里是『刚才』的意思。④遂：竟然。

【译文】

高祖作亭长时，曾经请假回家。吕后与两个孩子在田间除草，有一老人路过，要些水喝，吕后就请他吃了饭。老人给吕后相面，说：『夫人是天下的贵人。』吕后让他给两个孩子看相。老人看了孝惠，说：『夫人所以显贵，就是这个孩子的缘故。』看了鲁元，也是贵相。老人已经走了，高祖正好从别人家来到田间，吕后告诉他一位客人从这里经过，给我们母子看相，说将来都是大贵人。高祖问老父在哪儿，吕后说：『走出不远。』高祖追上了老人，向他询问。老人说：『刚才相过夫人和孩子，他们都跟你相似，你的相貌，贵不可言。』高祖便道谢说：『如果真像老父所说，决不忘记对我的恩德。』等到高祖显贵，竟然不知道老人的去处了。

【原文】

高祖为亭长，乃以竹皮为冠，令求盗之薛①治之，时时冠之，及贵常冠，所谓『刘氏冠』乃是也。

【注释】

①求盗：亭长下面有两卒，一名叫亭父，掌管门户开闭和清扫；一名叫求盗，负责追捕盗贼。薛：秦县，故地在今山东藤县南。

【译文】

高祖做亭长，以竹皮为帽，这帽子是他派求盗到薛县制作的，经常戴着它。等到显贵时，仍然常常戴着，所谓『刘氏冠』，就是指这种帽子。

【原文】

高祖以亭长为县送徒郦山①，徒多道亡，自度②比至皆亡之。到丰西泽中，止饮，夜乃解纵所送徒。曰：「公等皆去，吾亦从此逝矣！」徒中壮士愿从者十余人。高祖被酒，夜径③泽中，令一人行前。行前者还报曰：「前有大蛇当径，愿还。」高祖醉，曰：「壮士行，何畏！」乃前，拔剑击斩蛇。蛇遂分为两，径开。行数里，醉，因卧。后人来至蛇所，有一老妪④夜哭。人问何哭，妪曰：「人杀吾子，故哭之。」人曰：「妪子何为见杀？」妪曰：「吾子，白帝⑤子也，化为蛇，当道，今为赤帝⑥子斩之，故哭。」人乃以妪为不诚，欲告⑦之。妪因忽不见。后人至，高祖觉。后人告高祖，高祖乃心独喜，自负。诸从者日益畏之。

【注释】

①郦山：在今陕西临潼区东南。秦始皇征发百姓为自己在这里修建陵墓，死后即葬此。郦，或作「骊」。②度：揣测，估计。③径：小路。这里用作动词，意谓抄小路走。④妪：年老的女人。⑤白帝：古代传说中的五天帝之一，位于西方，在五行中为金德。秦襄公认为是白帝子孙，祀白帝。⑥赤帝：古代传说中的五天帝之一，位于南方，在五行中为火德。按照五德循环的理论，火克金，火德要代替金德，即赤帝的子孙要代替白帝的子孙，也就是汉要灭秦。⑦告：告发。

【译文】

高祖因身任亭长，为县里送役徒去郦山，役徒多在途中逃亡。他估计，等走到郦山，大概都逃光了。到丰邑西面的沼泽地带，停下来喝酒，夜间高祖就释放了所押送的役徒。高祖说：「各位都走吧，我也从此一去不返了！」

役徒中有十多个年轻力壮的愿意跟随高祖。高祖带着酒意，当夜抄小路通过这片沼泽，派一人前行探路。前行探路的人回来报告说：『前面有条大蛇横在路当中，请回去吧。』高祖醉醺醺的，说：『好汉走路，何所畏惧！』于是，就走上前去，拔剑击蛇，斩为两段，道路打通了。走了几里地，酒性发作，便躺下睡觉。后面的人来到斩蛇的地方，见有一个老太太夜里哭泣。人们问为什么啼哭，老太太说：『有人杀了我的儿子，所以我哭。』人们又说：『老太太，你的儿子为什么被杀了？』老太太说：『我儿子，是白帝的儿子，变为蛇，横在路当中，现在被赤帝的儿子杀了，所以我才哭。』人们以为老太太不诚实，想要给她点苦头吃，老太太忽然不见了。落在后面的人到了高祖休息的地方，高祖已经醒了。他们把刚才发生的事告诉了高祖，高祖听了暗自高兴，觉得自命不凡。那些跟随他的人对他日益敬畏。

【原文】

秦始皇帝常曰『东南有天子气①』，于是因东游以厌②之。高祖即自疑，亡匿，隐于芒、砀③山泽岩石之间。吕后与人俱求，常得之。高祖怪问之。吕后曰：『季所居上常有云气，故从往常得季。』高祖心喜。沛中子弟或闻之，多欲附者矣。

【注释】

①天子气：古人迷信，认为得到天命的皇帝出现时，会有某种祥瑞伴随。②厌：通『压』，镇压。③芒、砀：两山名。砀山在今河南永城市东北，芒山在砀山北，两山相距八里。

【译文】

秦始皇帝常说『东南有天子气』，因而巡游东方，借以镇伏东南的天子气。高祖怀疑这件事与自己有关，就逃跑藏了起来，隐身在芒山、砀山一带的山泽岩石之间。吕后和别人一块儿寻找，常常一去就找到了高祖。高祖感到奇怪，就问吕后。吕后说：『你所处的地方上面常有云气，向着有云气的地方去找，常常可以找到你。』高祖心里非常高兴。沛县子弟有的听到这件事，很多人都想归附他。

【原文】

秦二世元年秋，陈胜等起蕲[①]，至陈而王[②]，号为『张楚』[③]。诸郡县皆多杀其长吏以应陈涉。沛令恐，欲以沛应涉。掾[④]、主吏萧何、曹参乃曰：『君为秦吏，今欲背之，率沛子弟，恐不听。愿君召诸亡在外者，可得数百人，因劫众，众不敢不听。』乃令樊哙[⑤]召刘季。刘季之众已数十百人矣。

【注释】

①蕲：秦县，故地在今安徽宿县南。②陈：秦县，故地在今河南淮阳县。王：称王。③张楚：陈胜政权称号，义为张大楚国。④掾：古代官府属员的通称。⑤樊哙：沛县人，以屠狗为业，终生追随刘邦，为将勇猛善战。曾任左丞相，以功封舞阳侯（舞阳在今河南舞阳县西北）。事详本书和《汉书》本传。

【译文】

秦二世元年（前209年）秋天，陈胜等在蕲县起义，到了陈县自立为王，号称『张楚』。各郡县都大多杀死长官，响应陈胜。沛县县令恐惧，想要以沛县响应陈胜。主吏萧何、狱掾曹参对他说：『您身为秦朝的官吏，如今要叛秦起事，率领沛县子弟，恐怕他们不愿听命。希望您召集逃亡在外面的人，可以得到几百人。利用这股力量胁持群众，群众不敢不听您的命令。』县令就派樊哙去召唤刘季，刘季的队伍已经近百人了。

【原文】

于是樊哙从刘季来。沛令后悔，恐其有变，乃闭城城守，欲诛萧、曹。萧、曹恐，踰城保刘季。刘季乃书帛射城上，谓沛父老曰：『天下苦秦久矣。今父老虽为沛令守，诸侯并起，今屠沛。沛今共诛令，择子弟可立者立之，以应诸侯，则家室完。不然，父子俱屠，无为也①。』父老乃率子弟共杀沛令，开城门迎刘季，欲以为沛令。刘季曰：『天下方扰，诸侯并起，今置将不善，壹败涂地。吾非敢自爱，恐能薄，不能完父兄子弟。此大事，愿更相推择可者。』萧、曹等皆文吏，自爱，恐事不就，后秦种族②其家，尽让刘季。诸父老皆曰：『平生所闻刘季诸珍怪，当贵，且卜筮③之，莫如刘季最吉。』于是刘季数让。众莫敢为，乃立季为沛公④。祠黄帝⑤，祭蚩尤⑥于沛庭，而衅⑦鼓旗。帜皆赤，由所杀蛇白帝子，杀者赤帝子，故上⑧赤。于是少年豪吏如萧、曹、樊哙等皆为收沛子弟二三千人，攻胡陵、方与⑨，还守丰。

【注释】

①无为也：没有意思，不值得。②种族：灭族。秦有夷三族之法，一人犯罪，诛及三族。③卜筮：占卜以定吉凶。用火灼龟甲，根据灼开的裂缝预测吉凶叫『卜』。用蓍草茎预测吉凶叫『筮』。④沛公：楚国旧制，县令称公。众人推刘邦为沛令，所以称他为沛公。⑤黄帝：传说时代姬姓部族神化了的始祖，被奉为我国古史传说时期最早的一位宗祖神。华夏族形成后，公认他为全族的始祖。五帝说出现后，被尊为五帝之一。⑥蚩尤：神话传说中的东方九黎族首领，首先发明金属兵器，威震天下。⑦衅：杀牲血祭。⑧上：通『尚』，崇尚。⑨胡陵：秦县，故地在今山东鱼台县东南。方与：秦县，故地在今山东鱼台县西北。

【译文】

于是樊哙跟着刘季来到沛县。沛县县令又后悔了，恐怕刘季发生变故，就关闭城门，派人防守，（不让刘季进城，）打算杀掉萧何、曹参。萧何、曹参恐惧，翻过城墙依附刘季。刘季用帛写了一封信，射到城上，告诉沛县父老说：『天下苦于秦朝的暴政已经很久了。现在父老为沛令守城，但各国诸侯都已起事，（一旦城破，）就要屠戮沛县。如果沛县父老共同起来杀死沛令，选择子弟中可以立为首领的做领导，以响应诸侯军，那就能保全身家性命。不然的话，父子全遭杀害，死得毫无意义。』父老们就率领子弟共同杀了沛令，打开城门，迎接刘季，想让他做沛县县令。刘季说：『天下正在混乱当中，诸侯都已起事，如果推选的将领不胜任，就会一败涂地。我不是吝惜自己的生命，只怕才劣力薄，不能保全父兄子弟。这是件大事，希望另外共同推选一位能够胜任的人。』萧何、曹参等都是文官，看重身家性命，怕事情不成，秦朝会诛灭他们的全族，所以都推让刘季。父老们都说：『我们平时听到刘季许多奇异的事情，看来刘季是该显贵的。而且又经过占卜，没有比刘季更吉利的。』这时刘季再三谦让，大家都不敢担任，最后还是立刘季为沛公。在沛县衙门的庭院里祭祀黄帝和蚩尤，又用牲血衅鼓旗。旗子一律红色，因为刘季所杀蛇是白帝的儿子，杀蛇的是赤帝的儿子，所以崇尚赤色。于是少年子弟和有势的官吏，如萧何、曹参、樊哙等人，都为沛公征集兵员，集合了两三千人，攻打胡陵、方与，回军固守丰邑。

【原文】

秦二世二年，陈涉之将周章军西至戏[1]而还。燕、赵、齐、魏[2]皆自立为王。项氏起吴[3]。秦泗川监平[4]将兵围丰，二日，出与战，破之。命雍齿[5]守丰，引兵之薛。泗川守壮败于薛，走至戚[6]，沛公左司马[7]得泗川守壮，杀之。沛公还军亢父⑧，至方与⑨，未战。陈王使魏人周市⑩略地。周市使人谓雍齿曰：『丰，故梁徙⑪也。今魏地已定者数十城。齿今下魏，魏以齿为侯守丰。不下，且屠丰。』雍齿雅不欲属沛公，及魏招之，即反为魏守丰。沛公引兵攻丰，不能取。沛公病，还之沛。沛公怨雍齿与丰子弟叛之，闻东阳宁君、秦嘉立景驹为假王⑫，在留⑬，乃往从之，欲请兵以攻丰。是时秦将章邯从陈，别将司马𡰖⑭将兵北定楚地，屠相，至砀⑮。东阳宁君、沛公引兵西，与战萧⑯西，不利。还收兵聚留，引兵攻砀，三日乃取砀。因收砀兵，得五六千人。攻下邑⑰，拔之。还军丰。闻项梁在薛，从骑百余往见之。项梁益沛公卒五千人，五大夫将⑱十人。沛公还，引兵攻丰。

【注释】

①周章：即周文，陈人，战国末年曾在楚国项燕军队里看时辰，定吉凶。后为陈胜将领，率兵攻入关中，战败自杀。其事主要见于《陈涉世家》。戏：水名，源出骊山，流入渭水，在今陕西临潼区东。②燕、赵、齐、魏：指战国时燕、赵、齐、魏四国故地。『燕』，疆域在今河北北部和辽宁西部。『赵』，疆域在今山西中部、陕西东北角和河北西南部。『齐』，疆域在今山东泰山以北黄河流域和胶东半岛地区。『魏』，疆域在今河南北部和山西西南部。③项氏：项梁、项羽。起吴：起兵于吴。『吴』，又称『吴中』，春秋时吴国都城，秦置县，为会稽郡郡治，故地在今江苏苏州市。④泗川：秦郡。据《汉书·地理志》，秦设泗水郡，『川』是『水』字之误。泗水郡治所在相县（在今安徽淮北市西北，因境内有相山得名），辖有今安徽北部和河南夏邑县、永城市，以及江苏西北部地区，汉改郡名为沛。监：秦朝一般于郡设守、尉、监，守是行政长官，尉掌兵事，辅佐郡守。监即监郡御史，负责监察官吏，直属中央的御史大夫。平：泗水监的名字，姓氏已佚。下文『壮』是泗水守的名字，姓氏也不可考。⑤雍齿：与刘邦同乡，汉封什方侯。⑥戚：

秦县，故地在今山东藤县南。⑦左司马：司马是掌军政之官。有时分置左右。⑧亢父：秦县，故地在今山东济宁市南。⑨至方与：此句下有『周市来攻方与』一句，与下文『陈王使魏人周市略地』文意扞格，当是衍文。《汉书·高帝纪》无此句。⑩陈王：陈胜。周市：陈胜将领，曾奉命略取魏地，下魏后，迎魏咎为王，自任魏相。后被秦将章邯击杀。『市』，音义与『巿』异，时人常以此为名。⑪丰，故梁徙：战国时，魏惠王䓨从安邑（今山西夏县西北）迁都大梁（今河南开封市），所以魏又称梁。至魏王假，大梁被秦占领，又迁到丰。⑫东阳：秦县，故地在今安徽天长市西北。宁君：姓宁，名字已不可考。秦嘉：凌（今江苏泗阳县西北）人，陈胜起义后，也起兵反秦，自立为大司马。景驹：景氏原为楚国的王族，因为景驹为景氏之后，所以秦嘉立他为『假王』，以便号召群众。假王：暂时代理之王。⑬留：秦县，故地在今江苏沛县东南。⑭别将：主将部下另外率领一支军队的将领。司马𡰱：『𡰱』，『夷』的古体字。『𡰱』是司马之名，姓佚，为章邯司马。清王先谦《汉书补注》引周寿昌说，认为司马是姓，不是官称。⑮砀：秦县，故地在今河南永城市东北。⑯萧：秦县，故地在今安徽萧县西北。⑰下邑：秦县，故地在今安徽砀山县。⑱五大夫将：有五大夫爵位的将领。五大夫在秦爵二十级中为第九级。

【译文】

秦二世二年（前208年），陈胜将领周章的军队西至戏水而还。燕、赵、齐、魏都自立为王。项梁、项羽起兵于吴。秦泗水郡郡监平率兵围丰，两天后，沛公出兵应战，打败了秦军。沛公命令雍齿守卫丰邑，自己引兵赴薛。泗水郡郡守壮在薛战败，逃到戚。沛公左司马擒获泗水郡郡守壮，杀死了他。沛公回军亢父，到了方与，没有交战。陈王陈胜派魏人周市攻城略地。周市使人对雍齿说：『丰，原来梁王曾迁徙到这里。如今魏地已经攻占的有数十城，你雍齿如果降魏，魏封你雍齿为侯，仍然驻守丰邑。不投降的话，就要血洗丰邑。』雍齿本来就很不愿意隶属沛公，等到魏国招降他，就背叛沛公，为魏防守丰邑。沛公引兵攻丰，没有攻下。沛公病了，回到沛县。沛公怨恨雍齿和丰邑子弟都背叛他，听说东阳宁君、秦嘉立景驹为假王，住在留县，就去依附他们，想借兵攻打丰邑。这时，秦将章邯在追击陈王的部队，别将司马夷率军北向，攻占楚地，在相屠城，到了砀县。东阳宁君、沛公引兵西进，与司马夷在萧县西面交战，没有占着便宜。退回来收集散兵，屯聚留县，引兵攻砀，三天就攻下了砀县。收编砀县降兵，得到五六千人，进攻下邑，打了下来。回军丰邑。听说项梁在薛县，带了随从骑兵一百多人去见项梁。项梁给沛公增拨士兵五千人，五大夫一级的将领十人。沛公回来，引兵攻丰。

【原文】

从项梁月余，项羽已拔襄城[1]还。项梁尽召别将居薛。闻陈王定死，因立楚后怀王[2]孙心为楚王，治盱台[3]。项梁号武信君。居数月[4]，北攻亢父，救东阿[5]，破秦军。齐军归，楚独追北[6]，使沛公、项羽别攻城阳[7]，屠之。军濮阳[8]之东，与秦军战，破之。

【注释】

①襄城：秦县，故地在今河南襄城县。②怀王：楚怀王，楚威王之子，名槐。公元前328年继位，公元前299年，应秦昭王的邀请入秦被扣，死在秦国。楚人思念，项梁在民间找到了他的孙子心，立为楚王，仍旧称楚怀王，以顺从民望，号召反秦。③盱台：即『盱眙』，故地在今江苏盱眙县东北。④居数月：据本书《秦楚之际月表》和《资治通鉴》，秦二世二年六月立心为楚王，七月即救东阿。『月』或为『日』之误。⑤东阿：秦县，故地在今山东阳谷县东北阿城镇，

东与今东阿县接壤。⑥北：军败，战败。⑦城阳：即成阳，秦县，故地在今山东鄄城县东南。⑧军：用为动词，驻扎。濮阳：秦县，故地在今河南濮阳县西南。

【译文】

沛公跟随项梁一个多月，项羽已经攻克襄城回来。项梁把各路将领都召集到薛县，听说陈王确实死了，就立楚国后人、楚怀王的孙子心为楚王，建都盱台。项梁号为武信君。停了几个月，向北攻打亢父，救援东阿（被围的齐军），打败了秦军。齐军回齐，楚军单独追击败兵。派沛公、项羽另率军队攻打城阳，大肆杀戮城中军民。沛公、项羽驻军濮阳东面，与秦军接战，击破了秦军。

【原文】

秦军复振，守濮阳，环水。楚军去而攻定陶①，定陶未下。沛公与项羽西略地至雍丘②之下，与秦军战，大破之，斩李由③。还攻外黄④，外黄未下。

【注释】

①定陶：秦县，故地在今山东定陶县西北。②雍丘：秦县，故地在今河南杞县。③李由：秦三川郡郡守，丞相李斯之子。④外黄：秦县，故地在今河南民权县西北。

【译文】

秦军又振作起来，固守濮阳，决水自环。楚军离去，转攻定陶，定陶没有攻下。沛公和项羽向西攻城略地，到了雍丘城下，与秦军交战，大破秦军，杀了李由。回军攻打外黄，外黄没有攻克。

【原文】

项梁再破秦军，有骄色。宋义[1]谏，不听。秦益章邯兵，夜衔枚[2]击项梁，大破之定陶，项梁死。沛公与项羽方攻陈留[3]，闻项梁死，引兵与吕将军[4]俱东。吕臣军彭城[5]东，项羽军彭城西，沛公军砀。

【注释】

①宋义：原为楚国令尹，后来参加项梁军。项梁死后，楚怀王心拜为上将军，号卿子冠军，被项羽杀死。其事主要见于《项羽本纪》。②衔枚：枚，状如筷子，横衔于口中，两头有绳，可系在脖子上。秘密行军时，衔枚防止喧哗，以便突然袭击敌人。③陈留：秦县，故地在今河南开封市东南陈留城。④吕将军：即吕臣，陈胜部将。陈胜死后，归于项梁。与项羽、刘邦联合抗秦，曾为楚怀王心的司徒。⑤彭城：秦县，故地在今江苏徐州市。

【译文】

项梁又一次打败了秦军，有骄傲的神色。宋义劝诫他，他不听。秦派兵增援章邯，夜间衔枚偷袭项梁，大破项梁于定陶，项梁战死。沛公和项羽正在攻打陈留，听说项梁死了，带兵和吕将军一起向东进发。吕臣驻扎在彭城东面，项羽驻扎在彭城西面，沛公驻扎在砀。

【原文】

章邯已破项梁军，则以为楚地兵不足忧，乃渡河，北击赵，大破之。当是之时，赵歇[1]为王，秦将王离围之巨鹿[2]城，此所谓河北之军也。

【注释】

①赵歇：赵国后裔。陈胜起义以后，派武臣招抚赵国故地，武臣至邯郸（今河北邯郸市），自立为赵王，旋被杀害。武臣的校尉陈余、张耳立赵歇为赵王。②王离：秦名将王翦之孙，封武城侯。巨鹿：秦县，故地在今河北平乡县西南。

【译文】

章邯已经打垮了项梁的军队，以为楚地的敌人不用担心了，就渡过黄河，北进攻打赵地，大破赵军。这个时候，赵歇为赵王，秦将王离围困赵歇于巨鹿城。（被围在巨鹿的军队，）这就是所谓的『河北之军』。

【原文】

秦二世三年，楚怀王见项梁军破，恐，徙盱台，都彭城，并吕臣、项羽军自将之。以沛公为砀郡长①，封为武安侯，将砀郡兵。封项羽为长安侯，号为鲁公。吕臣为司徒②，其父吕青为令尹。

【注释】

①长：犹如秦郡守。②司徒：不是指通常所说的六卿之一的司徒。楚怀王心为楚国后人，所置官因袭楚国旧制，如吕青为令尹，令尹就是楚官，为执政首相。此司徒与令尹同属楚官，负责后勤军需之类。

【译文】

秦二世三年（前207年），楚怀王看到项梁的军队被打垮了，心里恐惧，迁离盱台，建都彭城，合并吕臣、项羽的军队，亲自统率。以沛公任砀郡长，封为武安侯，统领砀郡的军队。封项羽为长安侯，号为鲁公。吕臣任司徒，他的父亲吕青作令尹。

【原文】

赵数请救，怀王乃以宋义为上将军①，项羽为次将②，范增为末将③，北救赵。令沛公西略地入关。与诸将约，先入定关中者王之④。

【注释】

①上将军：诸将之首。②次将：地位次于上将军，犹如后世的副帅。③末将：地位低于次将，高于统领一个方面军的别将。与后世偏裨将校自我谦称的末将义有不同。④关中：所指范围大小不一，一般指函谷关以西、散关以东。秦统一六国以前，长期占据关中一带，因此通称故秦地为关中。王：用作动词。之：代词，指关中。『王之』，为王于关中。

【译文】

赵多次请求救援，楚怀王就以宋义为上将军，项羽为次将，范增为末将，北上救赵。命令沛公西出略地，打入关中。同将领们约定：先攻入关中的，就封在关中做王。

【原文】

当是时，秦兵强，常乘胜逐北①，诸将莫利先入关。独项羽怨秦破项梁军，奋，愿与沛公西入关。怀王诸老将皆曰：『项羽为人僄悍猾贼。项羽尝攻襄城，襄城无遗类，皆阬之，诸所过无不残灭。且楚②数进取，前陈王、项梁皆败。不如更遣长者扶义而西，告谕秦父兄。秦父兄苦其主久矣，今诚得长者往，毋侵暴，宜可下。今项羽僄悍，今不可遣。独沛公素宽大长者，可遣。』卒不许项羽，而遣沛公西略地，收陈王、项梁散卒。乃道砀至成阳，与杠里③秦军夹壁，破秦二军④。楚军出兵击王离，大破之⑤。

【注释】

①逐北：追击败兵。②楚：楚军，包括陈胜军和项梁军。③杠里：在成阳西。④破秦二军：原作『破魏二军』，『魏』是『秦』字之误。《汉书·高帝纪》云『攻秦军壁，破其二军』，可证。⑤楚军出兵击王离，大破之：秦二世三年（前207年）十一月，项羽杀死上将军宋义，自为上将军，破釜沉舟，与秦军展开巨鹿之战。经多次激战，大败秦军，杀死秦将苏角，生擒王离，涉间自杀。不久，章邯率秦军二十余万投降，秦军土崩瓦解。这里所说楚军击王离，大破之，即指巨鹿之战。事详本书《项羽本纪》和《汉书·高帝纪》《项籍传》。

【译文】

这时候，秦军强盛，常常乘胜追击，众将领没有认为先入关的是有利的。唯独项羽痛恨秦打垮了项梁的军队，心中愤激，愿和沛公西进入关。怀王的老将都说：『项羽为人轻捷而凶猛，狡诈而残忍。项羽曾经攻打襄城，襄城没有留下一个活人，全都活埋了。所经过的地方，无不残杀毁灭。况且楚军多次进兵攻取，（没有获胜，）以前陈王、项梁都失败了。不如另派宽厚长者，以正义为号召，向西进发，把道理向秦父老兄弟讲清楚。秦父老兄弟苦于他们君主的统治很久了，现在如果真能得到宽厚长者去关中，不加欺凌暴虐，应该能够拿下关中。而今项羽剽悍，不可派遣。只有沛公向来是宽大长者，可以派遣。』终于没有答应项羽，而派遣沛公西进攻取秦地。收集陈王、项梁的散兵，路经砀，到达成阳，与杠里的秦军对垒，打败了秦军的两支部队。楚军出兵攻击王离，把他的军队打得大败。

【原文】

沛公引兵西，遇彭越[1]昌邑，因与俱攻秦军，战不利。还至栗[2]，遇刚武侯[3]，夺其军，可四千余人，并之。与魏将皇欣、魏申徒[4]武蒲之军并攻昌邑，昌邑未拔。西过高阳[5]。郦食其为监门[6]，曰：『诸将过此者多，吾视沛公大人长者。』乃求见说[7]沛公。沛公方踞[8]床，使两女子洗足。郦生不拜，长揖，曰：『足下必欲诛无道秦，不宜踞见长者。』于是沛公起，摄衣谢之，延上坐。食其说沛公袭陈留，得秦积粟。乃以郦食其为广野君，郦商[9]为将，将陈留兵，与偕攻开封[10]，开封未拔。西与秦将杨熊战白马[11]，又战曲遇[12]东，大破之。杨熊走之荥阳[13]，二世使使者斩以徇。南攻颍阳[14]，屠之。因张良遂略韩地轘辕[15]。

【注释】

①彭越：字仲，昌邑人。秦末在巨野泽（即大野泽，在今山东巨野县北）聚众千余人，响应陈胜、项梁起义，转战于梁地。因助刘邦消灭项羽，封梁王，后被族灭。事详本书《彭越列传》。『昌邑』，秦县，故地在今山东金乡县西北。②栗：秦县，故地在今河南夏邑县。③刚武侯：姓名不详。④皇欣：本书《秦楚之际月表》作『皇䜣』。申徒：即司徒。⑤高阳：聚邑名，故地在今河南杞县西南。⑥郦食其：高阳人，家贫，好读书。六十余见刘邦，为刘邦说客，常奉命出使诸侯。事详本书《郦生列传》。为：原误作『谓』，《郦生列传》《汉书·高帝纪》皆作『为』，今据改。监门：本书《郦生列传》云『为里监门吏』，《汉书·高帝纪》云『为里监门』，此乃主管开闭里门的小吏。⑦说：劝说。⑧踞：古人席地而坐，两膝着地。踞则臀部着地，两脚向前岔开，是不礼貌的傲慢姿态。⑨郦商：食其弟，陈胜起义时，商也聚众起事，归附刘邦为将，封信成君。入汉为右丞相，封涿侯，卒谥景侯。事详本书《郦商列传》。

⑩开封：故地在今河南开封县西南。⑪白马：秦县，故地在今河南滑县东。⑫曲遇：聚邑名，故地在今河南中牟县东。⑬荥阳：故地在今河南荥阳市。⑭颍阳：秦县，故地在今河南许昌市西南。⑮张良：字子房，韩国贵族后裔。轘辕：山名，在今河南偃师县东南，与巩义市、登封市接界。山路险阻，周回盘曲，是有名的险道。

【译文】

沛公引兵西进，在昌邑遇见彭越，就和他一起攻打秦军，这一仗没有打赢。回到栗县，遇到刚武侯，夺了他的军队，有四千多人，（与沛公原来的队伍）合并在一起。沛公与魏将皇欣、魏申徒武蒲的军队联合攻打昌邑，昌邑没有攻下。西进路过高阳。郦食其为里监门，说：『将领们路过这里的很多，我看沛公是一个大人物，有仁厚长者的风度。』就去求见游说沛公。沛公正坐在床上，伸着两腿，让两个女子给他洗脚。郦生不下拜，深深地作了个揖，说：『足下一定要消灭残暴无道的秦朝，就不应该伸着两脚接见长者。』于是沛公站了起来，整理好衣服，向他道歉，请入上座。郦食其劝沛公袭击陈留，获得陈留积聚的粮米。沛公就以郦食其为广野君，郦商为将领，统率陈留的军队，和沛公一起攻打开封，开封没有攻下。向西与秦将杨熊在白马打了一仗，又接战于曲遇的东面，大破杨熊军。杨熊逃往荥阳，秦二世派使者斩首示众。沛公向南攻打颍阳，屠了颍阳城。依靠张良攻占了韩国的轘辕。